LETTERS AND ESSAYS OF TONGGUI WANG

汪同贵
家书与散文

TONGGUI WANG

汪同贵

(IN CHINESE)

(中文)

Copyright © 2022 TONGGUI WANG

All rights reserved

权利保留

ISBN：978-1-7378679-6-8

Preface

This collection includes some letters and essays that my wife and I sent to our children.

I retired in 2003 and started to do things that I liked to do, such as composing music and writing lyrics myself. I also wrote down some bits and pieces of my life and wrote a few accounts of travels.

There are many ancient poems and lyrics mentioned in this collection, and I composed music for them. For details of numbered musical notation and staff musical notation of these music, as well as my own music and lyrics, please refer to "Half Raw Cucumber Music Collection," Author: Tonggui Wang, ISBN: 978-1-7378679-5-1.

Since 2013, WeChat has become a much more convenient and faster way of communication. But at the same time, information fragmentation has also occurred. Less written communication survived. Especially later, with the popularity of WeChat phones, there was even less written communication.

Retired English Teacher of Zishui Middle School (No. 76th Middle School) in Jiangbei District, Chongqing, P.R. China

Tonggui Wang
November 2, 2022

序言

　　本集含有我和妻子给孩子们的一些家书与散文。

　　我于 2003 年退休，开始做一些我喜欢做的事情，如谱曲，自己也写一些歌词，其间也记下一些生活的点点滴滴，写了几篇游记。

　　本集中提到很多古诗词，我给它们谱了曲。这些曲和我自己的词曲的详情(简谱和五线谱)请见《半根生黄瓜歌曲集》(Half Raw Cucumber Music Collection)，作者：汪同贵，ISBN：978-1-7378679-5-1。

　　2013 年以后使用微信，方便了很多，也快了很多。但同时也产生了信息碎片化，反而没有留下交流的只言片语。尤其以后随着微信电话的普及，文字就更少了。

　　中国重庆市江北区字水中学（76 中）退休英文老师

汪同贵

二零二二年十一月二日

Contents 目录

1. 与子电邮 (2003.06.16) 1
2. 与子电邮 (2004.01.29) 2
3. 与子电邮 (2004.03.04) 3
4. 与子电邮 (2004.03.07) 44
5. 与子电邮 (2004.03.09) 46
6. 与子电邮 (2004.03.16) 48
7. 与子电邮 (2004.03.18) 48
8. 与子电邮 (2004.07.02) 49
9. 与子电邮 (2004.09.23) 53
10. 与子电邮 (2004.10.15) 55
11. 与子电邮 (2004.12.24) 57
12. 与子电邮 (2005.01.09) 57
13. 与子电邮 (2005.01.20) 59
14. 与子电邮 (2005.01.23) 59
15. 与子电邮 (2005.01.29) 59
16. 与子电邮 (2005.02.27) 59
17. 与子电邮 (2005.02.21) 60
18. 鸭子湖的晨曦 (2005.03.29) 61
19. 与子电邮 (2005.04.12) 63
20. 与子电邮 (2005.04.21) 64
21. 与子电邮 (2005.04.29) 64
22. 与子电邮 (2005.05.16) 65
23. 与子电邮 (2005.05.19) 65
24. 与子电邮 (2005.05.21) 66
25. 与子电邮 (2005.05.29) 66
26. 与子电邮 (2005.06.12) 66
27. 与子电邮 (2005.06.26) 69
28. 与子电邮 (2005.06.27) 69
29. 与子电邮 (2005.07.08) 70
30. 游庐山仙人洞 (2005.09.26) 70
31. 与子电邮 (2005.10.08) 72
32. 与子电邮 (2005.12.23) 73
33. 与子电邮 (2005.12.25) 73

34.	与子电邮（2005.12.31）	74
35.	与子电邮（2006.02.11）	75
36.	与子电邮（2006.02.18）	75
37.	与子电邮（2006.03.07）	75
38.	与子电邮（2006.03.25）	77
39.	与子电邮（2007.04.07）	78
40.	与子电邮（2007.06.10）	79
41.	与子电邮（2007.06.14）	80
42.	与子电邮（2008.07.08）	80
43.	与子电邮（2008.11.14）	83
44.	与子电邮（2009.01.08）	83
45.	与子电邮（2009.01.14）	83
46.	与子电邮（2009.03.26）	84
47.	阿里山的姑娘你在哪里？台湾环岛8日游漫记（2009.04.20）	84
48.	与子电邮（2009.05.08）	132
49.	与子电邮（2009.05.24）	132
50.	与子电邮（2009.10.09）	134
51.	情侣服（2009.10.09）	134
52.	与子电邮（2010.02.06）	137
53.	与子电邮（2010.02.07）	137
54.	与子电邮（2010.03.17）	137
55.	忆川外生活点滴（2010.03.23）	138
56.	相聚2010（2010.05.17）	148
57.	与子电邮（2010.05.28）	164
58.	与子电邮（2010.10.31）	164
59.	与子电邮（2010.12.01）	164
60.	庆61华诞，川外重庆校友再聚川外畅叙阔别情谊（2011.05.04）165	
61.	与子电邮（2011.08.21）	166
62.	节目（2011.08.21）	168
63.	游慢行步道---关注山城重庆新变化（2011.08.29）	169
64.	勿忘一九四一 参观重庆大轰炸遗址有感(2011.09.01)	174
65.	与子电邮（2011.10.10）	175
66.	与子电邮（2011.12.04）	175
67.	江城子·西城杨柳弄春柔 白话译文&英文译文（2012.01.18）	177

68.	与子电邮（2012.03.07）	178
69.	与子电邮（2012.05.06）	179
70.	芝加哥三日游记（2012.05.31）	179
71.	让人不等于怕人（2012.07.19）	214
72.	与子电邮（2012.07.23）	215
73.	与子电邮（2012.10.23）	216
74.	游璧山观音塘湿地公园（2012.11.05）	218
75.	与子电邮（2012.11.19）	222
76.	坎昆游记（2013.08.09）	222
77.	与子电邮（2014.04.08）	234
78.	与子电邮（2015.10.02）	236
79.	枯木树桩赞（2018.05.13）	237
80.	寻冬地（2018.05.15）	238
81.	如何拱猪（2018.06.19）	238
82.	重庆黄桷湾立交（2020.09.09）	241
83.	律诗二首（2020.11.06）	247
84.	百林公园（2022.02.02）	247

1. 与子电邮（2003.06.16）

2003/6/16

一陟一抒，
你们好！

一陟用 EMAIL 传过来的照片中，有一张的背景墙上有一条幅，内容看不清楚。

但最后一句妈妈说是：一览众山小。

我认为"一览众山小，" 这一句写得好。

妈妈为找到这首诗，查了一下午，终于查到了。这是杜甫的一首五言诗，磁带《唐诗三百首》里没有这一首，故抄给你们。

望岳

岱宗　夫如何，
齐鲁　青未了。
造化　钟神秀，
阴阳　割昏晓。
荡胸　生层云，
决眦　入归鸟。
会当　凌绝顶，
一览　众山小。

说明：前面两个字和后面三个字之间隔开了一点距离，表示朗读时在这里要略略停顿一会。

注释：岳：指泰山。　岱宗：泰山的尊称。
齐鲁：泰山所在地，山东省境内。
青：泰山的青色。　未了：不尽。
造化：天地，大自然。
钟：聚集。　神秀：神奇秀丽。
阴阳：指泰山的南北，北为阴，南为阳。
割：分。昏晓：这里应指山北背日，山南向阳。

荡胸：胸襟坦荡。
层云：云层叠起。决：裂开。
眦（音Zi）：眼眶。入：收入眼里，看见。
会当：应当。 凌：登。 绝顶：最高的峰顶。

点评：这首诗情调高昂，语语奇警，充分体现了诗人"语不惊人死不休"的创作作风。艺术构思奇巧精妙。全诗由远望到近，由朝至暮，层层递进，气象万千。字里行间包含着诗人对祖国山河的热爱之情，洋溢着诗人奋发有为，蓬勃向上的雄伟抱负。

妈妈说，
还要把汉语拼音给你们打出来。我觉得好像没必要。妈妈说，这个问题听听你们的意见吧。不过我想，给你们拿不准时作个参考也好，反正也费不了多少时间。

下面左边是拼音，右边数字是声调，即第几声。

Wang yue	44
Dai zong fu ru he,	41222
Qi lu qing wei liao.	23143
Zao hua zhong shen xu,	44124
Yin yang ge hun xiao.	12113
Dang xiong sheng ceng yun,	41122
Jue zi ru gui niao.	24413
Hui dang ling jue ding,	41223
Yi lan zhong shan xiao.	43413

2. 与子电邮（2004.01.29）

一陟，一抒，
你们好！我把我自己谱的歌(55首为古诗词谱的曲，11首自创词曲)全都放到我的YAHOO公文包里面去了，并设置了与朋友共享。你们可以去看。我的公文包地址是：http://cn.briefcase.yahoo.com/tongguiw。
爸

3. 与子电邮（2004.03.04）

一陟，彭娣，一抒：

你们好！我把我的诗（目前已有七十六首，共 30 页）全给你们发过来，请欣赏，点评，提出修改意见。前 19 首和第 75 的一首已经给你们看过了，只有个别地方有点改动。

爸

2003/5/10

1 梦

一个很大很大的湖泊，
湖中倒立着小山的轮廓，
天上一行雁，
水中几只鹤。
我
在水边
慢慢地游着。
水
清清的，
凉凉的。
小山上，
鲜艳的花，
高大的树，
弯弯的竹。
寂静的村庄，
宽阔的道路，
我的家，
我的小屋。
我
慢慢地游着，
慢慢地游着，
微风起，
夕阳落。

我
慢慢地游着，
慢慢地游着。

后记：昨天晚上我真的做了一个梦，梦见我在水中游泳，十分惬意。醒来余味未尽，思索片刻，得此小诗一首。诗中所写，多为儿时情景，对于现在的我，已成为梦。能在一个自然幽美的环境中游泳，为现代都市人所向往，也是我的梦。

2003/5/15

2 农家乐

皓月葡萄下，
点点银花。
水潺潺，
树沙沙，
独坐窗前听田蛙。
一杯酒，
一碟豆，
半根生黄瓜。

2003/5/19

3 梅雨

对弈后阳台，
抬头见天开。
正欲骑车去，
不料雨又来。

2003/5/21

4 退休生活

听听音乐 睡前，
下下围棋 饭后。
聊聊天，散散步，
桥上看修路。
身闲心自静，
体健胜财富。

2003/6/2 星期一

5 长江三峡大坝六月一日开始下闸蓄水有感

夔门张飞心动，
巫峡神女盼久。
高峡平湖今日现，
国人壮志酬。

曾见否？
滔滔长江水倒流。
此壮观也，
何处还有？！

　　注：昨天上午 9：00 长江三峡大坝开始下闸蓄水。大坝的上游水位上升每天不得超过五米，大坝的下游水位下降每天不得超过三米，不影响下游正常用水和航运。到六月十五日，要达到一期工程预定水位线 135 米。届时尾水将到达涪陵李渡。蓄水后，高峡出平湖的壮观景象将呈现于世人面前，三峡大坝的三大功能（发电，防洪，航运）将初步显现出来。几代中国人的梦想今日终于实现！真让人心情振奋，激动不已。昨晚看电视新闻报道，一记者说到，蓄水时库内靠大坝这一端的江水是倒流的。为了让人们看见这一奇观，他还特地从船上扔了一个救生圈到江水中。救生圈果然不往下流，而往上漂。蓄水结束，江水倒流的现

象也就结束。

　　（六月十日提前五天完成蓄水 135 米的目标。）

2003/6/7

6　馒头歌

　　城乡人民生活好，
　　早餐稀饭就馒头。
　　没有馒头想馒头，
　　有了馒头嫌馒头。

　　而今生活小康了，
　　牛奶面包代馒头。
　　我等口味改不了，
　　早餐还要吃馒头。

7　夜读

　　夜已静啊，
　　人已眠，
　　学子窗内灯还明。

　　功课重啊，
　　考期临，
　　学子夜读伴鸡鸣。

　　父母心啊，
　　兄弟情，
　　学子心难平。

2003/6/12

8 武陵春

长江三峡游

万里晴空风雨后,船头人依旧。江风吹来心凉透,何不回舱休?

两岸景色看不够。山青水更秀。待到高峡出平湖,景更美,再来游。

附:李清照的《武陵春》

风住尘香花已尽,日晚倦梳头。物是人非事事休,欲语泪先流。

闻说双溪春尚好,也拟泛轻舟。只恐双溪舴艋舟,载不动,许多愁。

舴艋(ze meng 则猛)舟:小船

后记:

一九九五年七月二日晨,瑞芳和我从重庆乘江渝11号轮船顺流而下到武汉,再经武汉到北京,去看在北京外国语大学读书的儿子一陟一抒。第一天船到万县,住下了。第二天晨5点,天还没亮,船就离开万县向三峡驶去。瑞芳对三峡,可以说是情有独钟,久已向往。清晨,船一进入三峡,瑞芳就买观赏票上了船顶,"饿"览两岸秀色。刮风下雨了,我劝她回舱休息一会,她不。雨后天晴,烈日当空,我劝她回舱休息一会,她不。吃饭的时间到了,劝她回舱吃完饭再来看,她还是不。她在船顶上呆了整整一天,吃饭,喝水,都是我给她送上去。直到走完三峡,过了宜昌,这时天已黑了,她才下来。经过葛洲坝时,我们从船上看到了三峡大坝施工的繁忙景象,十分壮观。第三天下午我们去看了岳阳楼,晚上九点左右才到达武汉。忆起当年情景,得此小诗一首,自娱,自乐,自赏。

2003/6/13 星期五

9 家

林深树大,
一片桃花,
弯弯小溪绕人家。

洗衣姑娘低声语,
戏水孩童闹喳喳,
淙淙小瀑布下。

待到黄昏炊烟起,
山村披彩霞,
更是风景如画。

2003/6/15 星期日

10 观海

蓝天白云红霞。渔舟孤岛山崖。海鸥游人浪花。
夕阳西下,好男志在天涯。

附:元曲 马致远的《秋思》（ ［越调］ 天净沙 ）

枯藤老树昏鸦。小桥流水人家。古道西风瘦马。
夕阳西下,断肠人在天涯。

2003/6/17 星期二

11 登山

山高入云,
人在雾中行。
丛林深处闻笑语,

百鸟伴蝉鸣。

鹰峰望远,
疑是在仙境。
白云飘去见人间,
何人心更闲?

12 无题

山下总比山上暖,
下山容易上山难。
人皆取暖而求易,
我偏舍易而求寒。

2003/06/21 星期六

13 高速公路

国强民富,
纵横交错高速路。
车分两边跑,
一来一去不相扰。
穿过一条条隧道,
飞越一座座大桥。
万里行程顷刻到,
人在车中笑。

14 无题

花钱容易挣钱难,
不该花时手莫大。
该花钱时莫吝惜,
挣钱不就为了花?

2003/6/23 星期一

15 暴风雨

狂风骤起,
电闪雷炸,
雨如瓢泼下。
顷刻间,
大街小巷成汪洋,
百年老树连根拔。
好叫人害怕!
忽闻海燕高声喊:
"让暴风雨
来得更猛烈些吧!"

注:"让暴风雨来得更猛烈些吧!"是高尔基的散文诗《海燕》的最后一句。

2003/7/4 星期五 Friday, July 04, 2003

16 龙家小院

垂杨柳,
栀子花,(栀:zhi)
半掩竹篱笆。
狗儿逗着猫儿耍,
鹅伴丑小鸭。
一个老爷爷,
三个乖娃娃。

注:瑞芳对"狗儿逗着猫儿耍"的可能性有点疑惑。为了考证一下,她还特别访问了既养了狗儿又养了猫儿的冯茜她妈。回答是:"可能。多数时间是狗儿主动去逗猫儿耍,也有猫儿主动去逗狗儿耍的。"

2003/7/19 星期六

17 自勉

花季实可爱，
青春更宝贵。
夕阳无限好，
珍惜金黄昏。

退休人群中，
数我最年轻。
六十一轮回，
我才刚出生。

后记：读了"夕阳无限好，只是近黄昏"的诗句，觉得写得不错，但不由人不感到有点"凄凄惨惨切切。" 意境凄凉，使人消沉，我不喜欢。故反其意而用之。

著名作家谢冰心 80 岁以后，出现了她一生中第三个创作高峰。其中《空巢》，还获了当年短篇小说奖。冰心去世时 99 岁，称为百岁老人，"世纪先生"（从 1900 到 1999）。她还有一篇文章叫《生命从 80 岁开始》。她女儿吴青（北外的老师）说，80 岁时一场脑溢血过后，她妈妈又重新艰难地学走路，学握笔，又重新开始写作。

附：唐·李商隐的《登乐游原》

向晚意不适，
驱车登古原。
夕阳无限好，
只是近黄昏。

2003/7/20 星期六

18 我爱我的家

我的家，
两室一厅，
六十平米，
不小不大。
家中物品
虽不够好，
但应有尽有，
也不缺啥。
挣钱虽不多，
却也足够花。

我
最引以为自豪的是
两个儿子。
虽然耗尽了我一辈子的心血，
但他们争气，出息，
孝顺，听话。
"孩子，我爱你们。
我也知道，
你们也深爱着爸和妈。"

大儿子
娶了个
漂亮，能干，善良，贤惠的妻，
已经成立了
他们自己的幸福小家。
对他们，我已无牵挂。

我
最感到欣慰的是
我这辈子

娶了个
虽也曾有过磕磕碰碰，
但一直无微不至地照顾着我，
一直深爱着我的---她。
我们
手拉手，肩并肩，
走过了
风风雨雨的三十五个
春秋冬夏！
鬓发已白花！

我的家，
舒适的家，
温馨的家。
平凡的我
这辈子知足了，
因为 我有这样一个家。

万语千言，
凝成一句话：
我爱我的她！
我爱我的家！

后记：一首诗，一幅画，一片情。我以这首诗，作为一份礼，送给孩子们----一抒，一陟和彭娣，送给瑞芳---我的爱妻。表达我对他们的深情，感谢他们对我的厚意。

2003/7/31

19 秋夜

繁星闪闪镶穹天，
淡月弯弯晾阳台。
微风习习送橘香，
笑语声声入窗来。

下面几句是我最近看电视听来的。我觉得不错,就抄录于下:

少年时不能太娇,青年时不能太顺,
中年时不能太闲,老年时不能没钱。

能吃苦的人只吃一时的苦,不能吃苦的人要吃一辈子苦。

在外面指挥千军万马,回家来服从娃儿他妈。

2003/8/1

20 怀念妈妈

长了十七八,从未离过家。考上大学了,心里乐开花。
一碗蛋炒饭,一碗老荫茶。孩子忘不了,临行您的话:
"孩子不离妈,永远长不大。孩子你长大,迟早要离妈。"
声声汽笛鸣,马上要出发。心里一阵酸,就要离开妈。
妈妈双眼里,也闪泪花花。相伴十几年,怎能不牵挂。
叮咛又嘱咐,滔滔知心话。我有小进步,你总把我夸。
我做错了事,你从不打骂。一次重感冒,我住医院了。
你守我身边,几天吃不下。几夜没合眼,身体都累垮。
是你生养我,把我拉扯大。多少苦和累,孩子最懂妈。
孩儿心中妈,比谁都伟大。保重再见吧,亲爱的妈妈!

2003/8/2 星期六

21 赏菊

巍巍鹅岭迎朝霞,
二老相伴看菊花。
石桌对坐聊闲话,
一袋瓜子两杯茶。

2003/8/5 星期一

22 看樱花

阳光明媚春色好,
信步南山看樱花。
席地而坐金鹰下,
啤酒香槟就卤鸭。

2003/8/8 星期五

23 朝阳

有一个漂亮的姑娘,
漫步在河边的小路上。
微风送过来她轻哼的歌声,
那歌声震撼着我平静的心房。

蓝蓝的天上飘着淡淡的白云,
清清的河水在缓缓地流淌。
姑娘的身影已渐渐地远去,
我心中却升起了红红的朝阳。

2003/8/13

24 农场

啊!农场!

多么美丽的地方!
每当我想起了你,
就为你放声歌唱。

鸭子河畔,
莲花山旁。

辽阔的田野,
低矮的营房。

一条公路,
绿树两行。
葱翠的竹林,
环绕着幽静的村庄。

那齐人高的油菜花,
像一片黄色的海洋。
那弯弯的小溪,
给我留下的记忆,
终身难忘。

在那里,
我认识了她,
我终身的伴侣,
我心爱的妻---瑞芳。

啊!农场!

多么美丽的地方!
每当我想起了你,
就为你放声歌唱。

1969年春。成都,彭县,敖平,红塔坝,0023部队农场---我们刚毕业分配到重庆的66级三百来个大学生"接受再教育"的地方。

2003/8/13

25 春夏秋冬

---看电视连续剧《结婚十年》有感。

春天来了
桃花开了
姑娘靓了
小伙爱了

夏天来了
太阳红了
他们好了
良缘结了

秋天来了
地变黄了
果子熟了
孩子生了

冬天来了
天变冷了
风雪到了
他们离了

春又来了
花又开了
又牵念了
又和好了

2003/8/15 星期五

26 画马

一张宣纸一支笔，
浓涂淡抹总相宜。
一挥而就一匹马，
栩栩如生奇奇奇！

2003/8/19 星期二

27 速写

蓝蓝天上一只鹰
远远山下一片林
绿绿林边一汪水
清清水中一朵云

2003/8/22 星期五

28 学写诗的体会

不论质量优与劣
休管平平与仄仄
能押韵时就押韵
不懂不会不妨学

华丽辞藻莫偏爱
平平淡淡意贴切
写不下去不硬写
自赏自乐自愉悦

何谓律，绝？一首四句的，称为绝。一首八句的，称为律。每一句有五个字叫五言。七个字的绝句叫七绝。古诗词讲究声和韵。声，即声调，相当于现代汉语的四声。平，指阴平和阳平（即一声和二声）。仄，指上声和去声（即三声和四声）。平仄巧妙搭配，读起来抑扬顿挫，琅琅有声。最近我听到电影演员濮存昕朗诵了一首诗《李白》，他就用了下面几句作为该诗的开头和结束：

平平平仄仄
仄仄仄平平
仄仄平平仄
平平仄仄平

但是，现代的诗词，越来越趋向于不讲究，不拘泥于严格的声韵格律。只要感情真挚，意境不错，用词贴切，读起来琅琅上口就是佳作。打破了声韵格律的束缚，更有利于表达丰富多彩的思想感情。不过，若能多遵守一点声韵格律，则多一份古香古味，我以为都很好。我主张前者，适当兼顾后者。

2003/8/26 星期二

29 眼莫过高

卜算子

大钱不会挣，小钱不屑挣。眼高手低能力小，贫困伴终生。
大钱挣不了，甘心挣小钱。平平安安过日子，生活倒滋润。

附：陆游的《卜算子·咏梅》

驿外断桥边，寂寞开无主。已是黄昏独自愁，更著风和雨。
无意苦争春，一任群芳妒。零落成泥碾作尘，只有香如故。

30 诚信

谁不想挣钱？
手段须光明。
为人无诚信，
迟早遭报应。
心歪钱不净，
钱脏心不宁。
损人又害己，
皆因太贪心。

31 争遗产

能者外面挣，
不在家里争。

本是一家人，
何必太过分！

处事若公正，
焉能起纠纷？
闹得翻了天，
何处存亲情！

32 蝴蝶

蝴蝶蝴蝶真美丽，
蝴蝶蝴蝶穿花衣。
蝴蝶蝴蝶花中飞，
蝴蝶蝴蝶我爱你。

飞到东，飞到西，
飞到外婆家里去。
外婆见了笑眯眯，
紧抱蝴蝶在怀里。

2003/8/27 星期三

32 蜜蜂

漫山阵阵桃花香，
平川茫茫菜花黄。
花间蜂儿嗡嗡唱，
采花酿蜜为谁忙？

2003/8/28 星期四

33 猪

体胖鼻圆耳朵大，
祖祖辈辈黑白花。

呆头呆脑有福相，
外憨内秀人人夸。

2003/9/19

34 对联

能吃苦者吃一时之苦苦亦甜时时皆甜真甜
怕吃苦者吃一辈子苦甜亦苦处处皆苦真苦

2003/10/14

35 谜语

多为父母给
不为自己求
虽为身外物
不可赠朋友
你有我有他也有
人皆有
乃至百年千古后
（姓名）

2003/10/27

36 乡村姑娘

不施粉黛
未着霓裳
天生丽质
自然大方
青春窈窕
朴实端庄
贤淑善良
更显漂亮

后记：当我第一次看黄梅戏《天仙配》时，严凤英扮演的七仙女，在天上时，浓装霓裳，我并未发觉她有什么漂亮，但下凡后的村姑打扮，却给人以漂亮的感觉。这些年改革开放后，年轻女子都时兴化装。恰如其分的一点淡装和入时得体的衣着，的确能给女人增色，但时不时可以看到有的女人装化得过分，让人看了生厌。我以为，美是自然，自然才美。

2003/10/29

37 西江月

清晨的校园

　　晨曦捧出朝阳，百鸟争相歌唱。树上树下金桂黄，阵阵扑鼻清香。
　　林阴道上跑步，湖边太极如常。园内园外读书郎，处处书声琅琅。

　　附：辛弃疾的《西江月》

　　明月别枝惊鹊，清风半夜鸣蝉。稻花香里说丰年，听取蛙声一片。
　　七八个星天外，两三点雨山前。旧时茅店社林边，路转溪桥忽见。

2003/11/1

38 我家门前的小路

我家门前的小路
通向田间
儿时的我
每天都去田间
采摘好多好多的蒲公英

我家门前的小路
通向小溪
大一点的我
每天都去小溪
抓蟹，游泳，洗衣

我家门前的小路
通向学校
背着书包的我
每天都去学校
聆听老师那似懂非懂的神奇与奥妙

我家门前的小路
通向远方
十九岁的我
就在这条熟悉的小路上
告别了我依恋的妈妈
告别了我思恋的故乡

2003/11/5

39 卜(bu)算子

游月亮湾

温泉月亮湾，依傍香吾山。山上树木绿葱葱，山下水潺潺。
林中漫步爽，微汗湿衣衫。毛巾一张背上垫，泉边戏水欢。

附：毛泽东的《卜算子·咏梅》

风雨送春归，飞雪迎春到。已是悬崖百丈冰，犹有花枝俏。
俏也不争春，只把春来报。待到山花烂漫时，她在丛中笑。

2003/11/9

40 夜难眠

一觉醒来再难眠
辗转反侧待天明
待到天明睡意生
耳边却又响闹铃

2003/11/10

41 父母心

寒潮昨夜晚
孩子可温暖
妈妈来送衣
爸爸来送伞

后记：昨天晚上，寒潮突然到来，一阵风雨，气温骤降十余度。今天我上早自习时，见 LT 的妈妈到教室来给他送衣服有感。

2003/11/10

42 如梦令

劝君考试莫作弊

要想成绩优异，须靠平时努力。宁可少得分，也不考试作弊。违纪，违纪，到头还害自己。

附：李清照的《如梦令》

（一）
常记溪亭日暮，沉睡不知归路。兴尽晚回舟，误入藕花深处。争渡，争渡，惊起一滩鸥鹭。

（二）

昨夜雨疏风骤，浓睡不消残酒。试问卷帘人，却道海棠依旧。知否，知否，应是绿肥红瘦。

2003/11/13

43 大榕树

彭家垭口榕树大
炎炎夏日乘凉佳
过往行人树下歇
天南海北吹空话

2003/11/13

44 渔父

放学路上

一堆书包地上搁，放学路上多快乐。青石板，团团坐，扑克打到日落坡。

附：张志和的《渔父》

西塞山前白鹭飞，桃花流水鳜（gui 桂）鱼肥。青箬笠，绿蓑衣，斜风细雨不须归。

2003/11/15

45 被窝窝

冬来夜晚闲无事
早早钻进被窝窝
一觉醒来大天亮
冉冉红日两丈多

2003/11/16

46 回家

家乡变化果然大
游子归来不识家
昔日汪宅今何在
江边公园柳边花

2003/11/17

47 不用给我们寄钱

---答一陟

不买车,不购房。不置地,不旅游。无负担,无病痛。两千多,足够用。爸妈好,莫牵挂。小日子,好好过。

2003/11/19

48 菩萨蛮

下午的校园

当当当当下课了,鸟儿出笼欢蹦跳。校园歌声起,球场更热闹。林中喧声小,花间姑娘俏。交头窃窃语,不时嘻嘻笑。

附:李白的《菩萨蛮》

平林漠漠烟如织,寒山一带伤心碧。暝色入高楼,有人楼上愁。玉阶空伫立,宿鸟归飞急。何处是归程,长亭更短亭。

2003/11/21

49 春游公园看画展

花诱蝴蝶来
画引游人至
蝴蝶花中舞
游人画前痴

2003/11/22

50 蛙冤

来到乡下外婆家
水田池塘多青蛙
白天躲着不做声
夜来一片呱呱呱

一生从不做坏事
专吃害虫护庄稼
本是人类好朋友
为何反遭人捕杀

附：毛主席青年时改前人的《咏蛙》

独坐池塘如虎踞
绿杨树下养精神
春来我不先开口
哪个虫儿敢作声

前人的《咏蛙》：

小小青蛙似虎形
河边大树好遮阴
明春我不先开口

哪个虫儿敢作声

2003/11/25

51 清平乐

一件往事

前言：一个周末，孩子外出玩耍，深夜未归……

久不能寐，夜深人皆睡。忽闻门外脚步声，却是邻居老雷。

爸爸外出寻找，一去也不见归。孩子耍昏了头，妈妈心都急碎。

后语：原来，几个孩子台球打得兴起，竟忘了时间。

附：辛弃疾的《清平乐·村居》

茅檐低小，溪上青青草。醉里吴音相媚好，白发谁家翁媪（ao）？

大儿锄豆溪东，中儿正织鸡笼。最喜小儿亡赖，溪头卧剥莲蓬。

注：吴音：这里指几个老乡亲。相媚好：亲切地交谈。亡赖：顽皮。

毛泽东的《清平乐·六盘山》：

天高云淡，望断南飞雁。不到长城非好汉，屈指行程二万。

六盘山上高峰，红旗漫卷西风。今日长缨在手，何时缚住苍龙？

2003/11/26

52 升旗仪式

清晨校园里
队列整齐
万籁俱静
全体肃立

国歌震撼人心
师生敬礼
国旗徐徐升起
我心中激动不已

看着鲜艳的红旗
我想起烈士们的血迹
今天的幸福
的确来之不易
我们怎能不珍惜

国旗下的讲话
铿锵(kengqiang)有力
一字字，一句句
镌刻在我的记忆里

亲爱的祖国啊
面对五星红旗
我举起右手
向您庄严宣誓

我将好好学习
锻炼身体
努力，努力，再努力
为我中华崛起

无论什么时候
无论我在哪里
亲爱的祖国啊
您
永远在我心里

附：东方外校升旗仪式的誓词是：

我是东方学子，肩负民族希望，拥有崇高理想，共创人生辉煌。

We are students of the East
On us the nation's hope is placed
We all have lofty aspirations
Let's create the brilliance of life together

（这几句英文是我第一次学译诗词，不知当否？请一陟，彭娣，一抒斧正。我还有一个想法：以后我要把我的所有的诗都译成英文。
许渊冲把王维的"劝君更尽一杯酒"译成英文：
I would ask you to drink a cup of wine again.
又把李白的"与尔同销万古愁"译成：
Together we may drown our age-old grief and pain.）

2003/11/29

53 渔家傲

中秋节

今日欢度中秋节，合家团聚赏明月。嫦娥起舞舞真绝。五粮液，更增我无限喜悦。

难忘当年中秋节，孤苦伶仃望冷月。吴刚斟酒酒不烈。轻音乐，却添了几分愁色。

同是中秋，同一明月，人不相同，感受有别。
同一个人，同一个节，心境不同，感受亦有别。

附：范仲淹的《渔家傲》

塞下秋来风景异，衡阳雁去无留意。四面边声连角起。千嶂里，长烟落日孤城闭。

浊酒一杯家万里，燕然未勒归无计。羌管悠悠霜满地。人不寐，将军白发征夫泪。

2003/11/30

54 卜算子

家宴

土豆烧牛肉，嫩姜爆子鸭。粉蒸排骨清炖鸡，鱼丸烧冬瓜。鸡汤煮黄花，凉拌绿豆芽。啤酒香槟请自用，不醉不回家。

2003/12/1

55 霓虹灯

白天看起不咋样
夜来特别漂亮
红绿紫橙黄
变幻无常

看繁华闹市
金碧辉煌
逛大街商场
熙熙攘攘

后记：今天下午无课，我陪瑞芳去中医院看病。途中，瑞芳见大街旁边每棵树的树干上都缠绕着一些黄色的像粗绳子的东西，便问："这是什么？"

"老外了吧，这就是霓虹灯呀！"我嘿嘿嘿地笑着。突然，我灵感顿生，愉快地说："有了。"

瑞芳问："什么有了？" "我的诗呀！"

回家后我就把这首小诗写出来念给瑞芳听。瑞芳听后说好。我说："这首诗就是你的一句'这是什么？'给问出来的。你要不问，谁会注意它呀？也就没有这首诗了。"

2003/12/3

56 观鸟

窗外树木多
鸟儿枝头坐
不时叫几声
虫儿直哆嗦

2003/12/5

57 望江东

老同学来访

有朋来自千里外，心中无比畅快。薄酒一杯表敬意，滔滔旧话当菜。

游泳江中好痛快，象棋未分胜败。同窗情谊深似海，今生怎能忘怀？

附：黄庭坚的《望江东》

江水西头隔烟树，望不见江东路。思量只有梦来去，更不怕江阑住。

灯前写了书无数，算没个人传与。直饶寻得雁吩咐，又还是秋将暮。

2003/12/7

58 大扫除

寒冬将去新年近
家家户户搞卫生
室内室外干净
春来少生疾病

爸爸扫地我抹屋
要数妈妈最辛苦
环境面貌大变
地亮窗明几净

2003/12/10

59 赏昙花

对门张老家
阳台种昙花
难得一见开
叶上生奇葩

2003/12/12

60 西江月

立交桥

　　昔日公路相交，车多天天塞道。一堵便是大半天，人人怨声载道。
　　而今架起立交，上下各行起道。交通流畅车速高，个个拍手叫好。

61 长相思

长相伴

云西走,大渡口,一晃多少春与秋,相伴到白头。
并肩走,手挽手,同去美国白宫游,共诵"红酥手。"

赠瑞芳惠存。

同贵 2003 年 12 月 14 日 于咸宁

后记:云西在四川什邡县,距 0023 部队农场十余公里。我和瑞芳恋爱时曾舍近求远步行去云西赶集。在重庆大渡口区茄子溪扯结婚证。瑞芳喜爱古诗词,我也是。这里指陆游的《钗头凤·红酥手》。

附:白居易的《长相思》

汴水流,泗水流,流到瓜洲古渡头,吴山点点愁。
思悠悠,恨悠悠,恨到归时方始休,月明人依楼。

2003/12/21

62 赌钱

世人都有赌博心,
不赌不博不男人。
未必人人都赌钱,
赌钱输赢都坑人。
赢了的,更上瘾,
欲罢也不能。
输了的,红了眼,
一心想捞本。
老婆孩子全不顾,
终归荡产把家倾。

劝君休存侥幸心，
试问何时有个赢？

2003/12/31

63 多面体的你

如果你是一首好歌，
个个听了都会叫好。
如果你是一只老鼠，
人人见了都会喊打。
如果你是一块金子，
放到哪里都会发光。
如果你是一堆狗屎，
放在哪里都会发臭。

有时你是好歌，
人们都喜欢你。
有时你是老鼠，
人们都讨厌你。
有时你是金子，
人们都钦佩你。
有时你是狗屎，
人们都唾弃你。

你不是好歌，
你不是老鼠，
你不是金子，
你不是狗屎。
你就是你，
一个多面体的你。

2004/1/28

64 赞三峡大坝

滚滚长江似龙跃
三峡大坝拦腰截
昔日洪水时泛滥
今日蛟龙变服帖
万吨巨轮行无阻
电力充沛保建设
大禹一见也惊诧
自叹不如今人杰

2004/1/28

65 过三峡大坝

傍晚船到大三峡
须臾通过五级闸
世界奇观谁不看
江面提升一百八

（注：现为135米，修好后为175米）

后记：1月15日上午10点过，瑞芳和我离开湖北咸宁，中午到了武昌宏基长途汽车站。本想从武汉乘船回重庆看三峡，到了武汉客运港才打听到，武汉至重庆的轮船因乘客太少已停开近一年了。我们又到汉口火车站，火车票只有19号的，而且只有站票了。于是我们就在汉口长途汽车站买了晚6点的去宜昌的汽车票。下雨路滑，近11点才到宜昌，当即买了船票，12点过就上了长云号轮船。16日中午1：30船才出发，离开宜昌开往重庆。傍晚船过大三峡，由于天冷，瑞芳不敢到船顶上的观景台去看船过五级闸的胜况，只能在船沿和船尾观看，瑞芳还像个孩子似的好奇地把手伸出去触摸闸壁。18日晨5点过，船到重庆。我们回到家里，天还未亮。

2004/1/30

66 梅谢桂花开

梅花盛开迎春来
芬芳旖旎惹人爱（旖旎 yini：美丽）
春到梅花却谢了
但喜桂花悄然开
花开时节未虚度
花谢何须自寻哀
桂花谢时桃李开
万紫千红永不败

后记：昨天是大年初八，下午，瑞芳和我送彭章春上了416公汽，回到小院里，瑞芳鼻尖，忽然闻到一阵花香飘来。瑞芳说是梅花。我说："不可能，梅花现在已经开始凋谢，不会再发香了。"我们仔细一看，才发现梅花树旁有几盆桂花已开。

桂花通常八月开花。这是盆景桂花，四季都开。此诗以花喻人，人又何尝不是如此呢！

毛主席改前人诗

孩儿立志出关外
学不成名誓不还
埋骨何须桑梓地
人生无处不青山

前人的诗：

男儿立志出关外
学不成名死不还
埋骨何须桑梓地
人生无处不青山

（此诗作者不祥，有人说是一个日本人写的。）

毛主席的《养生原则》：
遇事不怒，基本吃素，多多散步，劳逸适度。

《南宫词纪》中的《锁南枝》：

傻俊角，我的哥！
和块黄泥儿捏咱两个。捏一个儿你，捏一个儿我，捏的来一似活托，捏的来同床歇卧。将泥人儿摔破，着水儿重和过，再捏一个你，再捏一个我，哥哥身上也有妹妹，妹妹身上也有哥哥。

2004/2/5

67 聚会

多年没相会，济济一堂客厅内。瓜果鲜美，鳜(gui)鱼肥，火锅飘香，正宗川味。忆往事历历，喜上眉，笑语窗外飞。叹人生如梦，蹉跎年岁。莫道孩子乖，事业成，文章斐(fei)。更有坎坷，艰辛与劳累。动情处，心也碎，竟声咽，潸潸双眼涩泪。干了两盏三杯，吹牛便毫无忌讳，直吹得天花乱坠，直喝得酩酊大醉。重游故地，楼不在，依然当年桂。又添了片片花卉，宛如壮锦，胜似翡翠。含苞蓓蕾，正芬芳吐蕊。说好明年再相会，才依依挥手分袂(mei)。人已归，兴未尽，夜难寐。

2004/2/8

68 飞到西部的姑娘

中央台新闻联播，说有不少今年毕业的大学生，响应党的号召，奔赴西部，建设边疆。

姑娘，姑娘，
穿着漂亮的衣裳。
就像天使一样

自由自在地翱翔
在祖国的蓝天上。
飞到西部，
飞到边疆，
要把祖国变天堂。

飞到沙漠，
沙漠换绿装。
飞到草原，
草原变牧场。
飞到山区，
山区飘果香。
飞到平地，
平地翻麦浪。
飞到学校，
飞到公司，
飞到工地，
飞到工厂，
让现代知识传遍西部，
为边疆建设贡献力量。

姑娘，姑娘，
穿着漂亮的衣裳。
就像天使一样
自由自在地翱翔
在祖国的蓝天上。
飞到西部，
飞到边疆，
要把祖国变天堂。

2004/2/9

69 生日礼物

今年瑞芳年花甲，特写此诗赠送她。

天之阔，地之大，
你是我唯一的牵挂。
相依相伴几十年，
风风雨雨容易吗？
我的妻，
你辛苦了！

你贤淑善良解人意，
你能干热情又豁达。
你对我无微不至细照顾，
你给我和和美美温暖家。
我的妻，
你辛苦了！

父母去，孩子大，
你是我唯一的牵挂。
发虽白，眼未花。
生活好，健康佳。
让我们同去美国耍，
让我们携手游天下。
让恩恩爱爱一万年，
让晚年生活美如画。

海之角，天之涯，
你是我唯一的牵挂。
在我的心目中，
你永远年青，漂亮，伟大！

2004/2/11

70 春雨

唰唰唰，
难得一场春雨下。

雨好大！
刹那间，水淹前院坝。

惊醒了地下青蛙。
喜杀了田间庄稼。
乐坏了山上桃花。
农夫不禁笑哈哈。

嘎嘎嘎，
引吭高歌池中鸭。
唯有鸡害怕，
龟缩屋檐下。

2004/2/14 星期六

71 感慨

感慨多多人一世
兴起想动笔
才提笔，又搁笔

这样事，那样事
落不下几行字
忽见日沉西

休怨笔
欠功底
须努力

心莫太高
点点滴滴
时间是挤出来的

2004 /2/15 星期日

72 赞渝涪高速路

才过涪陵
又到长寿
窗外景物一晃过
座座青山抛身后
车在路上飞
人在梦中游
猛抬头
见前方林立高楼
"重庆到喽"
"快把行李收一收"

这是我从老家丰都回重庆的真实感受。

2004/2/16 星期一

73 蚯蚓

体细圆长软暗红
夜以继日把土松
土壤肥沃庄稼好
暗地默默建奇功

最脑邻家小顽童
手持鱼竿去村东
挖来曲蟮瓶中装
可知蚯蚓是益虫

2004/2/17 星期二

74 夜雨

昨夜沙沙雨,
今晨呱呱鸦。
梦断雨也住,
红日透窗纱。
洗净房上瓦,
润湿地下沙。
增添树梢芽,
绽开院里花。

75 改

重庆电视台《雾都夜话》栏目的《"改造"妻子》中的话:
世上万事都凭关系
没有关系要找关系
有了关系珍惜关系
处好关系没有关系

重庆电视台《雾都夜话》栏目的《"改造"妻子》中,有这样几句话:
"没有关系找关系,有了关系没关系。"
"研究经济不如研究关系。"

2004/3/1

75 父母情

喜闻骄儿报佳讯
卧听夜雨滴阳蓬
二月维州天渐暖
春寒不逊冬寒隆

孩子连报佳讯。瑞芳和我不胜欣喜。半夜醒来，雨阳蓬上哒哒哒的雨滴声，使我想起天气预报说的：又有一股强冷寒流袭击美国东部。远隔万里的孩子啊，千万注意冷暖，保重身体！后两句还喻指：现在美国经济开始复苏，形势渐渐好转。但天有不测风云，还须处处谨慎为好。晴带雨伞，暖备寒衣。兴须防衰，安则思危。有备无患也。

维州：美国维吉尼亚州（Virginia）

2004/3/4 （星期四）

76 幼儿学步

闲看幼儿学走路
摔倒在地也不哭
自己慢慢爬起来
继续迈开蹒跚步
妈妈一旁多鼓励
并不怜悯去搀扶
坚持练上几十日
跑跑跳跳能自如

昨天下午，看见 JSN 的孩子在小院里蹒跚学步，当年一抒迈出头几步的情景便浮现在我的眼前……

4.　与子电邮（2004.03.07）

2004/3/7 星期日

一陟，一抒，
你们好！昨天又写一首《渔父》。再把红酥手给你们发过来。
爸

2004/3/6

77 渔父

夕阳红

五十九岁学开车,六十一岁学电脑。活到老,学到老。
与时俱进不言老。

61 长相思

长相伴

云西走,大渡口,一晃多少春与秋,相伴到白头。
并肩走,手挽手,同去美国白宫游,共诵"红酥手。"

赠瑞芳惠存。
同贵 2003 年 12 月 14 日 于咸宁

后记:云西在四川什邡县,距 0023 部队农场十余公里。我和瑞芳恋爱时曾舍近求远步行去云西赶集。在重庆大渡口区茄子溪扯结婚证。瑞芳喜爱古诗词,我也是。这里指陆游的《钗头凤·红酥手》。

附:(唐)白居易的词《长相思》

汴(bian)水流,泗水流,流到瓜洲古渡头,吴山点点愁。
思悠悠,恨悠悠,恨到归时方始休,月明人依楼。

附:(宋)陆游的词《钗头凤·红酥手》

红酥手,黄滕酒,满城春色宫墙柳。东风恶,欢情薄,一怀愁绪,几年离索。
错,错,错。

春如旧，人空瘦。泪痕红邑鲛绡透。桃花落，闲池阁。山盟虽在，锦书难托。

莫，莫，莫。

（邑字的右边还有三点水，但电脑里无此字，只好用邑代之）

这首词相传是陆游为怀念他的被迫离婚的前妻所作。据说，陆游原娶舅父的女儿唐婉为妻，夫妻恩爱，但陆游的母亲不喜欢唐婉，遂被迫离婚。唐婉改嫁赵士程。在一次春游中，二人偶遇，唐婉叫人给陆游送去酒肴致意，陆游"怅然久之，" 当即就题了这首词于绍兴禹迹寺南之沈氏园的壁上。

唐婉读了陆游的那首钗头凤后，就和答了一首。

附：唐婉的《钗头凤》

世情薄，人情恶。雨送黄昏花易落。晓风乾，泪痕残。欲笺心事，独语斜栏。难，难，难！

人成各，今非昨。病魂常似秋千索。角声寒，夜阑珊。怕人寻问，咽泪装欢。瞒，瞒，瞒！

（乾：我认为读 gan 同干，但妈妈认为读 qian。可以商榷 。）

5.　与子电邮（2004.03.09）

2004/3/9 星期二

一陟，一抒，

收到你们的 emails，我们很高兴。一抒的诗《男儿篇》写得相当不错。还引经据典，表达男儿的气概。韵脚工稳，十分上口。字数刚好是：五五七五，是《卜算子》。

下面，我解释并翻译一下陆游的《钗头凤》：

（上段从红酥手，到宫墙柳，是回忆昔日夫妻和谐美满生活的一个场面。）唐婉用她的红润白嫩的手，给我斟满官造的以黄纸封口的酒，共赏满园春色，那时的生活是多么美好啊！（从东风到错错错，东风喻指陆游的母亲）可是母亲十分可恶，竟然拆散我们，使我们的幸福生活如此短暂，造成以后的满腔愁绪，长期寂寞和痛苦（离索：离群索居；索：散）。母亲这件事，做得太残酷了，真是大错特错啊！

（下段写这次在沈园偶遇。）虽然仍然还是春天，可是人却白白的瘦了许多。泪水浸湿胭脂而染成了红色，手帕都湿透了（邑：浸湿；鲛绡：丝手绢）。你看，桃花凋谢了，园子也冷落了。我们当年的山盟海誓虽然还记忆犹新，但我们都已再婚，连相互表达一下情爱的书信也不可能了。没办法，也只好算了，算了，算了！

爸

附：爸，妈，我也试写一首诗，如下：

《男儿篇》

男儿当自强，
海空任翱翔；
又是渔阳鼙鼓急，
投笔效陈汤。

渔阳：泛指边疆。白居易的长恨歌：渔阳鼙（pí）鼓动地来，惊破霓裳羽衣曲。
陈汤：公元前 36 年，汉西域督护府副校尉陈汤，征集西域各国 4 万余兵马，击斩匈奴郅支单于。匈奴自此远遁欧洲。上奏曰：明犯强汉者，虽远必诛。

一抒

6. 与子电邮（2004.03.16）

2004/3/16 星期二

一陟，一抒，

另外再给你们看一首 辛弃疾的《卜算子·齿落》：

刚者不坚牢，柔底难摧挫。不信张开口角看，舌在牙先堕。

已缺两厢边，又豁中间个。说与儿曹莫笑翁，狗窦从君过。

（底：同"的"读/de/；曹：辈； 窦：洞； 君：尊称。后两句意为：你们年轻人莫笑老头掉牙，到时候你们的牙齿也会落的。）

写诗词，是一种重新组合字词句的高尚的游戏。也仅仅只是空闲时玩一玩的游戏而已。

如有偶得，一两句，三四句，那怕是半句，就及时把它记下来。不记下来就搞忘了。然后空闲时再把它略加整理即可。只可偶得，不可刻意。偶得之句，多为佳品。刻意之作，多为糟糠。

爸

7. 与子电邮（2004.03.18）

2004/3/18 星期四

一陟，一抒，

爸又有两首小诗：

2004/3/11

78 陋园靓花

绚丽夺目一枝花
亭亭玉立东墙下
园陋更觉花娇媚
何似七女到董家

最近有三盆盛开的郁金香放在小院里。我们来来去去都不由驻足一看。真的漂亮极了。瑞芳说，是祁老师买来给大家观赏的。

2004/3/17

79 学溜冰

两个男孩冰上走
颤颤巍巍手拉手
几个筋斗摔过后
竟能自如飘悠悠

这是 3 月 15 日上午，瑞芳和我逛解放碑，在大都会溜冰场饶有兴趣地看溜冰时所看到的一个镜头。其实，一个人只要肯学，不怕栽跟头，是没有学不会的东西的。

Where there is a will, there is a way.

8. 与子电邮（2004.07.02）

2004/7/2

一陟，一抒，
我把旧电脑里的东西用自己给自己发 EMAIL 的方法转到新电脑来了，不过费了我很多劲。

我把我最近写的五首歌的歌词给你们发过来,希望你们喜欢。

1,2004-6-11

80 我爱你,美丽的山城重庆!

滔滔两江水,
云雾绕山间。
繁华的街道人忙车奔,
幽静的树林鸟歌蝉鸣。

依山的高楼,
傍水的花园。
漂亮的姑娘开朗热情,
迷人的夜景谁不依恋。

啊!我爱你,
可爱的家乡重庆!
啊!我爱你,
美丽的山城重庆!

2,2004-6-15

81 姑娘的心事

山脚下有一个小小的村落,
村落边有一条弯弯的小河,
小河边有一座古老的石桥,
石桥上坐着我心爱的阿哥。

埋着头洗衣服我不敢张望,
仿佛是阿哥在偷偷地看我,
有多少心里话我久压心头,
多想说又不想说却是为何?

勇敢点敞心扉我一吐为快，
又何必胆怯怯我自我折磨，
抬起头羞答答我叫声阿哥，
心儿跳脸儿臊我又不敢说。

3，2004-6-19

82 谢谢你，小松鼠！

雨过天晴飘薄雾，
我去林中采蘑菇。
蘑菇采得真不少，
高高兴兴迷了路。
迷了路，迷了路。
唉！
转来转去，
转去转来，
转了半天也走不出。
急得我直哭，
正感到无助，
忽见松鼠爬下树。
悄悄跟着松鼠走，
不知不觉上了路。
喜出望外好高兴啊！
谢谢你，小松鼠！

4，2004-6-20

83 保护地球，爱护环境

别乱修乱建，
破坏我们的良田。
别乱伐乱垦，
毁坏我们的森林。

别肆意开采矿藏,
疯狂利用地球的资源。
如果人类不管住自己,
迟早会遭到大自然的报应。

　　鸟儿飞走了,
　　动物减少了,
　　生态失衡了,
　　灾难降临了。

别只关心自己,
也想想我们的子孙。
别只考虑眼前,
也想想明天,后天。
让我们携起手来,
呵护我们美丽的家园。
保护我们的地球,
爱护我们生活的环境。

　　鸟儿回来了,
　　动物增多了,
　　天空更蓝了,
　　地球更绿了。

　　6月3日上午10点10分,唐良泽和我,瑞芳三人在杨家坪电影院看了电影美国大片《后天》(The Day after Tomorrow)。我很受感染,之后总想写点什么。过了这么些天,终于写出了这首歌,并自己谱了曲。

　　5,2004-6-28

　　84 小树林

　　　踏着草地,
　　　迎着晨曦,

我走进这片小树林里。
幽静的环境，
清新的空气，
多么宜人，
多么惬意。
我的思绪，
像断线的风筝，
飞呀，飞呀，
飞向遥远的过去。

小时候，
我们在这里摘野花，
我们在这里抓蛐蛐，
我们在这里捉迷藏，
我们在这里做游戏。
这里有我童年的甜蜜。

长大了，
我们在这里休闲散步，
我们在这里诵读外语，
我们在这里不期而遇，
我们在这里依依别离。
这里有我太多的回忆。

9. 与子电邮（2004.09.23）

一陟，一抒，
你们好！

最近，我给宋代蒋捷的《一剪梅》谱了曲，有点像京剧唱腔，我觉得是我感到比较满意的作品之一。瑞芳也喜欢，她说："流畅。"她也提出了一点意见，说"流光容易把人抛"的曲调应该写得愉快一点。瑞芳的意见我一向很尊重，但这一点，我保留我的看法。我认为，蒋捷对回家后的生活，只是一种期望而已。对八字还没有一撇，乃至不可能的事，想得越美，就越会带上无奈与悲哀的色彩。

《一剪梅·舟过吴江》 蒋捷（宋）

一片春愁待酒浇，江上舟摇，楼上帘招。秋娘渡与泰娘桥。风又飘飘，雨又萧萧。

何日归家洗客袍？银字笙调，心字香烧。流光容易把人抛。红了樱桃，绿了芭蕉。

注释：帘招：酒楼上的酒旗迎风招展。秋娘：江苏吴江一个渡口的名字。泰娘：吴江上的一座桥的名字。这里的拟人化，绝妙。客袍：出门衫，外套。银字笙：镶饰有银字的笙。调（tiáo）：调弄，吹奏。心字香：像篆文"心"字形状的香。

读后感

这首词流畅易晓，淡雅生活，音韵和谐，有浓郁的民歌风味。瑞芳和我都很欣赏，很喜欢。作者处于宋末元初，时代巨变，国破家亡，过着颠沛流离的生活。据说元大德年间，有人举荐他做官，他不肯去，可见作者的愁，非一般人的愁，而是忧国忧民，表现出了一种民族气节。这首词，通过写过吴江时的见闻与感受，表达了作者倦游思归，渴望早日归家，重新过上闲适的家庭生活的心情。

"江上舟摇，楼上帘招，" 一幅优美的江南水乡的画面跃然纸上。一个人漂流他乡，虽有"秋娘渡"码头的繁华，"泰娘桥"娇艳美丽的风景，但也饱经风霜。"风又飘飘，雨又萧萧。" "飘飘，" "萧萧，" 形声俱佳，两个"又"字重复使用，耐人寻味。作者取了两个取女人名字的地方，顺势给以拟人化，绝妙。想到以后回到家里，点起心字香，吹奏着银字笙的悠闲生活，该是多么惬意啊！然而光阴似箭，什么时候才能回家，还不得而知，人却一天天变老了。末了，作者抓住春末夏初，樱桃渐渐红熟，蕉叶也从浅绿转为深绿这一日常生活中常见的特征，借颜色的转换来表达对春意阑珊的感慨，真是别有一番滋味。

爸

10. 与子电邮（2004.10.15）

一陟，一抒，

你们好！我给你们发来我的两首新作。"湖边"是我的第九十首。

后面还有我最近记的从电视上看来的一些有趣的句子，笑话什么的。我想，一个人如果有一点诙谐，幽默，脸上会多一份笑，生活会更有乐趣。不信试试？

最近我们在看刘佩琦，牛莉，程前主演的电视连续剧"和你在一起，"好看。

89　采茶歌

采茶姐妹爱唱歌
姐姐唱来妹妹和
唱得彩虹天边挂
唱得行人停住脚
哟衣哟，　哟衣哟
唱得茶树一坡一坡又一坡

采茶姐妹爱唱歌
一人唱来众人和
唱得葵花弯下腰
唱得鸭子不下河
哟衣哟，　哟衣哟
唱得茶叶一箩一箩又一箩

采茶姐妹爱唱歌
这山唱来那山和
唱得喜雀翩翩舞
唱得鲤鱼飞上坡
哟衣哟，　哟衣哟
唱得丰年一个一个又一个

90　湖边

夕阳斜照晚风凉
一对老人相依傍
慢步湖边小山旁
手拉手儿赏风光
　山青碧水漾

涓涓细语轻轻唱
意绵绵来情长长
闲坐木椅听鸟啼
遥看孩童荡双桨
　幸福写脸上

后记：5月21日早上，瑞芳和我到机场送彭娣和一陟上飞机之后，在两路镇逛了碧津公园，顺着湖边小路，围湖转了一圈。我们还乘兴爬上了塔顶，鸟(niǎo)瞰(kàn)两路全景。

或许是人老心闲的缘故吧，人到老来的确喜欢回忆往事。十年前在北京，瑞芳和我漫步北京大学未名湖畔，一陟一抒陪我们游长城，逛故宫，颐和园画廊赏画，等等情景，时不时浮现眼前。八达岭的巍峨，回音壁的神奇，圆明园的遗址，昆明湖的涟漪……在我脑海里留下了永恒的记忆。

记得有一次在朱军主持的"艺术人生"中，演员王姬说："老来和丈夫相依相伴，就是我最大的愿望和幸福。"这话使我感动，深深地刻在我的记忆里。

夜不能寐，浮想联翩。偶生灵感，得此小诗。

脑筋急转弯：
（1）在这次竞赛中，小王超过了第二名，他是第几名？（第二名）
（2）贝多芬在演奏钢琴的时候为什么不用这个手指（伸出右手的食指）？（因为这个手指不是贝多芬的，是我的。）

11. 与子电邮 （2004.12.24）

一陟，一抒，
今天早晨我写了一篇"鼓励，" 妈妈看了说写得不错，现发给你们，希望你们喜欢。祝你们圣诞节快乐。
爸

鼓励

亲爱的妈妈：
舞台上，歌星们常说："请给我点掌声鼓励！"
谁不渴望得到鼓励？大人们尚且如此，何况我们孩子！
昨天晚上，邻家的小莉又受皮肉之苦了。她那凄切的哭泣，让我心悸。
我们不需要"恨铁不成钢，" 我们不需要来自爸爸妈妈的压力。我们需要和谐宽松的气氛，我们需要多多鼓励！
我是幸运的，亲爱的妈妈，因为你懂得，教育孩子的武器，不是压力，不是鞭子，而是鼓励。打我记事的时候起，你总是给我鼓励，夸奖和赞许。即便我做错了什么，你也从不生气，从不打骂，总是给我耐心地讲明道理。在我的记忆里，你也从未给我施加什么压力。我有高兴的事，你跟我一起分享；我有为难的事，你跟我一起面对；我受到挫折和失败，你教我决不放弃，你说"坚持就是胜利，" "你一定能行"给了我战胜一切困难的勇气……我知道，你能做到这一点，真的很不容易。
多亏了你的良好的教育方法，我才能取得今天的优异成绩。亲爱的妈妈，我要由衷地对你说声："谢谢你！谢谢你的鼓励。"你和蔼可亲，慈祥高大的形象，永远永远在我心里。
但愿天下的妈妈都能像你一样给孩子们多多鼓励。
亲爱的妈妈，我真的好想好想亲吻你。
你的宝贝女儿：兰兰

12. 与子电邮 （2005.01.09）

Dear Yizhi and Yishu,
I am sending you two pieces of poems written by me recently.

Yours,
Dad

91 看船船

嘉陵江水蓝,
两岸靠船船。
一艘轮船江中过,
碧浪推沙滩。

嘉陵江水清,
卵石镶岸边。
捡块石头投江中,
石头漂水面。

  一陟一抒小的时候,每到冬天枯水季节,瑞芳和我都要带着孩子们到嘉陵江边去看船船,捡鹅卵石玩耍。一次,孩子们见我把一块石头扔到江中,石头居然在水面上漂了三四下才坠落入水,十分好奇,也捡起石头往水里扔,却怎么也漂不起来。我就告诉他们:1,要挑选扁平形的小石片,小瓦块;2,要躬下身子,使石头抛出去尽量与水面平行;3,要使劲扔,力越大就漂得越远。孩子们一试,果然漂起来了,高兴得不得了。

92 风筝

备好了竹片,纸和线,
爸爸教我们扎风筝。

黄黄的菜花,绿油油的田,
暖融融的太阳,白白的云。

手提着风筝到田边,
兴致勃勃地放风筝。

风筝乘着春风飞呀,
越飞越高上了蓝天。

13. 与子电邮（2005.01.20）

一陟一抒，你们好！

我给你们用附件 wwwwww 发来一张歌单《我爱你，美丽的山城重庆！》。不知你们能不能看到，能不能打印，效果如何。

我以后给你们发附件都会说明内容，如果没有具体的内容说明，就不是我的附件，就别打开它，以防病毒侵入。

爸

14. 与子电邮（2005.01.23）

我给你们发来 2004 年走红歌手刀郎的照片，一首歌《2002 年的第一场雪》和这首歌的歌词。共三个附件。歌和照片可能要上网才能打开，你们试试看。希望你们喜欢。以后想听什么歌，用 EMAIL 告诉我。

爸

15. 与子电邮（2005.01.29）

一陟，一抒，

我用附件给你们发来我自编歌曲 B2《姑娘的心事》，B3《谢谢你，小松鼠》，B4《保护地球，爱护环境》和目录。

爸

16. 与子电邮（2005.02.27）

一陟，一抒，

我给你们用附件发过来刀郎的三首歌：

《冲动的惩罚》，《情人》和《敖包相会》，分别用三封 EMAIL 发，一封发一首。

爸

17. 与子电邮（2005.02.21）

一陟一抒，
　　今天早上我又写了一首小诗，算是爸爸妈妈为你们加油，祝你们考出好成绩。
　　爸

94　站台上

火车就要出发
父子站在车窗下
依依难舍
拉不完的家常话

看着爸爸头上的白发
孩子眼里噙着泪花
"爸，儿子明白
你这辈子全都为了我
为了我们这个家
爸，你辛苦了
好好保重身体
儿知道该怎样报答"

"好小子，
你还是管好你自己吧
别担心老爸
你的成绩
已经是对老爸最好的报答
什么都别说了
让爸再为你剪剪指甲"

火车启动了
孩子挥着双手徐徐离去
伫立站台的老人
这时
眼里也涌出了涩涩的泪花

> "孩子,
> 你是鱼儿,应游到大海
> 你是雄鹰,应飞向蓝天
> 让老爸在千里之外的故土
> 为你祝福吧"

18. 鸭子湖的晨曦（2005.03.29）

一陟一抒,

你们好!

我写了一篇游记,灵感来自前几天一抒发来的照片。

那天早上,我打开电脑,看到了一抒的照片,觉得很不错。妈妈本来还躺在床上懒床,一听说一抒发过来了照片,便翻身起床,披好衣服,戴上阅读镜,凑到电脑跟前来。"这小子还长出倒三角肌了。"妈妈高兴地说,还有一种自豪感。我们又议论了一阵照片。

"你看,还有鸭子,两只。"我说。

"不,那不是鸭子,是鸳鸯。"我赞同妈妈的意见。

我前不久还买了一个《拼音大师》,它可以把汉字译成拼音,我觉得它很有用,特别是对于要学习拼音的人。我把我的这篇短文用拼音大师转换了作为附件发给你们看看。

爸

鸭(yā) 子(zǐ) 湖(hú) 的(de) 晨(chén) 曦(xī)

为(wèi) 了(le) 满(mǎn) 足(zú) 我(wǒ) 的(de) 好(hào) 奇(qí),我(wǒ) 们(mén) 特(tè) 地(dì) 早(zǎo) 起(qǐ),去(qù) 看(kàn) 鸭(yā) 子(zǐ)湖(hú) 的(de) 晨(chén) 曦(xī)。

我(wǒ) 们(mén) 来(lái) 到(dào) 湖(hú) 畔(pàn),呼(hū) 吸(xī) 着(zhe) 清(qīng) 馨(xīn) 的(de) 空(kōng) 气(qì)。周(zhōu) 围(wéi) 的(de) 一(yī) 切(qiē),是(shì) 那(nà) 么(me) 静(jìng) 谧(mì),仿(fǎng) 佛(fú) 还(hái) 在(zài) 梦(mèng) 里(lǐ)。

岸(àn) 边(biān),芦(lú) 苇(wěi) 依(yī) 稀(xī),亭(tíng) 亭(tíng) 玉(yù) 立(lì),宛(wǎn) 如(rú) 一(yī) 排

(pái)排(pái)仙(xiān)女(nǚ)。

东(dōng)方(fāng)出(chū)现(xiàn)了(le)鱼(yú)肚(dù)白(bái),一(yī)轮(lún)红(hóng)日(rì)喷(pēn)薄(báo)而(ér)出(chū),光(guāng)芒(máng)万(wàn)丈(zhàng),把(bǎ)朵(duǒ)朵(duǒ)白(bái)云(yún)染(rǎn)成(chéng)了(le)缤(bīn)纷(fēn)的(de)彩(cǎi)霞(xiá),映(yìng)红(hóng)了(le)天(tiān)空(kōng),撒(sā)遍(biàn)了(le)大(dà)地(dì),掉(diào)进(jìn)了(le)水(shuǐ)里(lǐ)!水(shuǐ)里(lǐ)的(de)晨(chén)曦(xī)和(hé)天(tiān)上(shàng)的(de)晨(chén)曦(xī)交(jiāo)相(xiāng)辉(huī)映(yìng),融(róng)为(wéi)一(yī)体(tǐ)。此(cǐ)刻(kè),鸭(yā)子(zǐ)湖(hú)的(de)涟(lián)漪(yī),波(bō)光(guāng)粼(lín)粼(lín),分(fèn)外(wài)绮(qǐ)丽(lì)。

"你(nǐ)看(kàn),那(nà)边(biān)还(hái)有(yǒu)两(liǎng)只(zhī)鸭(yā)子(zǐ)。"

"不(bù),那(nà)不(bù)是(shì)鸭(yā)子(zǐ),是(shì)鸳(yuān)鸯(yāng)。他(tā)俩(liǎng)总(zǒng)在(zài)一(yī)起(qǐ),不(bù)肯(kěn)分(fēn)离(lí)。"

yā zǐ hú de chén xī

wèi le mǎn zú wǒ de hào qí, wǒ mén tè dì zǎo qi, qù kàn yā zǐ hú de chén xī.

wǒ mén lái dào hú pàn, hū xī zhe qīng xīn de kōng qì. zhōu wéi de yī qiē, shì nà me jìng mì, fǎng fú hái zài mèng lǐ.

àn biān, lú wěi yī xī, tíng tíng yù lì, wǎn rú yī pái pái xiān nǚ.

dōng fāng chū xiàn le yú dù bái, yī lún hóng rì pēn bo ér chū, guāng máng wàn zhàng, bǎ duǒ duǒ bái yún rǎn chéng le bīn fēn de cǎi xiá, yìng hóng le tiān kōng, sā biàn le dà dì, diào jìn le shuǐ lǐ! shuǐ lǐ de chén xī hé tiān shàng de chén xī jiāo xiāng huī yìng, róng wéi yī tǐ.

cǐ kè, yā zǐ hú de lián yī, bō guāng lín lín, fèn wài qǐ lì.

"nǐ kàn, nà biān hái yǒu liǎng zhī yā zǐ."

"bù, nà bù shì yā zǐ, shì yuān yāng. tā liǎ zǒng zài yī qǐ, bù kěn fēn lí."

19. 与子电邮（2005.04.12）

一陟一抒，
你们好！我把最近的新作发给你们，请你们欣赏。三个附件，两个是简谱歌单，一个是MEDI文件。

2005-3-16

96 还我清清桃花溪

　　昔日清清桃花溪，
　　山青水秀风景丽。
　　游人纷纷来踏青，
　　白鹭成群来栖息。

　　鲢鱼鲤鱼水中游，
　　稻花馨香飘万里。
　　孩童游泳多惬意，
　　姑娘结伴去洗衣。

　　如今工厂两岸立，
　　污水直排桃花溪。
　　夏日炎炎蚊蝇舞，
　　难闻阵阵恶臭气。

　　河遭污染我心疼，
　　桃花溪啊在哭泣。
　　"别把污水排河里，
　　还我清清桃花溪！"

重庆电视台《天天630》栏目最近报道了几起这个河那个溪被污染的新闻。昨晚又看到了北碚磨滩河惨遭污染，死鱼死鸭漂浮水面，河水臭不可闻的报道，我心中久久不能平静……

20. 与子电邮（2005.04.21）

一陟，一抒，你们好，

我想以后在给们发 email 的时候给你们几个我认为容易读错或写错的字，我希望既不增加你们多少负担，又能对你们有所帮助。这个栏目就叫《容易读错或写错的字》吧。

戛 jiá　（戛然而止，戛然长鸣，戛戛独造）
嘎 gā　（嘎嘎叫，汽车嘎的一声刹住了。）
爸

21. 与子电邮（2005.04.29）

一陟一抒，
你们好！再给你们寄首我的新作吧。附件是简谱和 MIDI。

《容易读错或写错的字》
呵叱 hē chì ＝呵斥 hē chì，呵责
莅 lì：（到，来）　莅临，莅会，莅场。敬请莅临指导
　爸

《门前那棵老枇杷》

长江三峡修大坝，
百万移民搬新家。
我家世代江边住，
如今要迁居黄桷垭。
故土难离多牵挂呀，
最难舍，
门前那棵老枇杷。

老枇杷啊谁不夸,
枝繁叶茂干粗大。
夏日炎炎遮阴凉,
冬季里不怕寒风刮。
每天回家树下坐呀,
抽支烟,
拉拉家常喝口茶。

适才书记传下话,
终于有了好办法。
移树专家来指导,
老枇杷一起搬新家。
"我心爱的老枇杷呀,
这一回,
你总该高兴了吧?"

22. 与子电邮 (2005.05.16)

一陟一抒,你们好!
我给你们发一首我的新作:儿童歌曲《蝴蝶蝴蝶真美丽》。
附件是歌单和我和妈妈唱的录音。
爸

23. 与子电邮 (2005.05.19)

一陟,一抒,
妈妈和我都很高兴地看了一陟发过来的照片,照得很好,我把它保存在我的电脑里了,我们看了近一小时,这是一张非常珍贵的照片。
我给你们发两个附件过来,是我的近作《当你步入老年的时候》的歌单和诗朗诵的录音。
唱歌的录音还没有录。
爸
《容易读错或写错的字》
膻 shān 像羊肉的气味 膻味

24. 与子电邮（2005.05.21）

一陟一抒，
我把妈妈和我唱的《当你步入老年的时候》的录音给你们发过来。
爸
《容易读错或写错的字》
砼 tóng 沥青，通称柏油 水泥砼路

25. 与子电邮（2005.05.29）

一陟一抒，
你们好，"抛砖引玉，"我抛了将近百块砖，终于引出妈妈的玉来，可见来之不易。妈妈的《徒步缙云》写于1986年秋，尘封二十年了。现把歌单和录音用附件发给你们欣赏。
爸
《容易读错或写错的字》
莘 shēn 莘莘学子 莘莘：众多的意思。
梓 zǐ 桑梓：本意是桑树和梓树，但通常用来借指故乡。

26. 与子电邮（2005.06.12）

一陟，一抒，
一陟对妈妈的歌的评论文章写得很不错，我当时只给妈妈说了个大概意思，看来很不够，所以我今天特地书面翻译了一遍，给妈妈看，给一陟检查一下，也给一抒欣赏欣赏。
爸

Dear mom and daddy,

We listened to mom's "Tu Bu Jin Yun." It's excellent! Mom definitely has a different style from daddy's. Both mom's lyric and song have an urging and inspiring factor. Her use of staccato produced a sense of suspense. The use of short and brisk words vividly reflected what went through the poet's mind while climbing the mountain, the beauty of the mountain, the difficulties, the will to conquer them and the desire to get to the top. The ending is like "jia ran er zhi." It's not that the last sentence is grammatically improper. We were expecting something after "Yong Yuan bu Jing de." On the other hand, this is probably the room the poet leaves readers to fill, and hence the climax of the song. The fact that there was nothing after "endless" lets readers to fill whatever they like or think, thus producing the real effect of "endless," like "Yu2 Yin1 Rao4 Liang2, San1 Ri4 Bu2 Jue2." And here the readers are left to search for the "Yin1" he or she would like. And each may come up with a different answer. By the way, what is "Yun Yao Shi Fa?" Does it have any "Dian2 Gu4?"

    Best Regards
    Yizhi

妈妈，爸爸：
    我们听了妈妈的《徒步缙云》，很不错。妈妈的风格和爸爸的明显不同。妈妈的词和歌都使人奋进，令人鼓舞。妈妈的顿音的运用给人一种悬念之感。简短而活泼的语言生动地表达了诗人登山时所思所想：山景的美丽，攀登的艰辛，征服的意志以及登上峰顶的渴望。结尾却来了个"戛然而止。"从语法角度讲，最后一句似无不妥，但我们似乎期待着在"永远不尽的"的后面还有点什么。从另一个角度讲，这也许正是诗人留给读者自己去想象的空间，因而也正是此歌高潮之所在。事实上，在"不尽的"之后什么都不写，让读者自己去充分地发挥想象，真正是达到了一种"不尽的"的效果。正如"余音绕梁，三日不绝。"让读者自己去寻找他们想要的"音"吧，每个人都会有自己不同的答案的。顺便问一句，云腰狮发，有没有什么典故？

    多多保重
    一陟

附件：

徒步缙云

作词：史瑞芳
作曲：史瑞芳

1=C 2/4
♩=80

大钢琴 (2· 1 | 7 6 5 5 | 6 -) ‖: 5 5 3 5 5 3 | 1 3 5 4 | 3 - |
黑夜里，秋雨沥，并肩 向前 行。

4 4 2 4 4 2 | 7 3 2 6 | 7 - | 6 1 | 1 7 | 6 5 6 |
公鸡啼，晨风拂，泥泞 道难 进。 啊！ 缙 云 你
　　　　　　　　　　　　　　　　　 啊！ 缙 云 你

7· 6 | 5 2 4 | 3 - | 6 6 1 1 | 2 2 3 3 | 1 6 5 6 | 0 0 :‖
多 么 隐 秘， 饥渴 摔跤 探索 征服 融为 一体
多 么 柔 美， 云腰 狮发 腼腆 滴绿 飘逸 随心；

5 5 3 5 5 3 | 1 3 5 4 | 3 - | 4 4 2 4 4 2 | 7 3 2 6 | 7 - | 6 1 | 1 7 |
黑夜里，秋雨沥，并肩 向前 行。 公鸡啼，晨风拂，泥泞 道难 进。 啊！ 缙

6 5 6 | 7· 6 | 5 2 4 | 3 - | 6 6 1 1 | 2 2 3 3 | 1 6 5 6 |
云 你 多 么 温 馨， 眼里 心中 赞叹 溢出 多少 甜美，

0 0 | 2· 1 | 7 6 5 5 | 6 - ‖
盛 着 永远 不尽 的。

（1986年11月）

《徒步缙云》歌词

黑夜里，秋雨沥，并肩向前行。
公鸡啼，晨风拂，泥泞道难进。
啊！缙云你多么隐秘，饥渴摔跤，
探索征服，融为一体；
啊！缙云你多么柔美，云腰狮发，
腼腆滴绿，飘逸随心；
黑夜里，秋雨沥，并肩向前行。
公鸡啼，晨风拂，泥泞道难进。
啊！缙云你多么温馨，
眼里心中，赞叹溢出多少甜美，
盛着永远不尽的。

27. 与子电邮（2005.06.26）

一陟一抒，
妈妈说曲子也好听，叫我给你们发过来。
第一声部是小提琴，第二声部是长号，第三声部打击乐是敲钟声 ride bell。
爸

28. 与子电邮（2005.06.27）

一陟一抒，
你们好！过去我放 MIDI 音乐文件，只点一下图标即可。可现在却不行了。点了图标以后，便出现一个提示：
"This file does not have a program associated with it for performing this action. Create an association in the Folder Options control panel."
但是我不知道怎样 Create an association in the Folder Options control panel.
不过这个问题解决不了也没关系，因为这并不影响我放 MIDI 音乐文件，我用 Windows Media Player 或者用 Winamp 去播放它都可以，只是要多点两下而已。所以你们也不必花时间去搞懂它。
　　我给你们发一首新歌《奶奶的拐杖》给你们听，希望你们喜欢。两个附件：歌单和录音。
　　爸
《容易读错或写错的字》
愎 bì：刚愎自用：（固执，任性，独断专行）

29. 与子电邮（2005.07.08）

　　一陟，一抒，
　　祝一陟生日快乐！
　　我给你们发一首新作《风筝之都，美丽之城》，是专为山东省潍坊风筝节征歌而写的，
　　不指望能获它的什么奖，重在参与嘛。
　　爸妈

30. 游庐山仙人洞（2005.09.26）

　　走出花径公园大门，导游让我们集合，清点人数，然后交待说："下面我们将步行一段小路去仙人洞，大约需要四五十分钟，有腿脚不方便的，可留在车上。途中人多，万一走散，不要走回头路，往前走，只有一条路，一直走到仙人洞，我们的车将开到仙人洞旁的停车场接我们。"
　　我问瑞芳："去不去？"
　　"当然要去。"
　　斜穿过公路，就上了约两三尺宽的石板小路。大约走了五六十米，就开始下坡，小路沿山而下，左边靠山，右边便是锦绣谷。不一会就到了沿途要看的第一个景点：观景平台。爬上去一看，所谓平台，其实就是几块突出的岩石。前面那块岩石的护栏上挂满了游人挂上去的黄澄澄的同心锁和红飘带。站在护栏后面往下看，云雾缭绕，谷深不见底，让人望而生畏，连护栏都不敢靠近；抬头往前看，矗立于山谷对岸的是一匹雄伟的大山，右高左低，面对我们的这一面，如刀切斧劈，十分壮观，据说那就是"横看成岭侧成峰"的岭，我们现在站的位置是"横看。"《西

游记》片头有师徒四人在一匹大山山脊上行走的镜头，就取景于此。倘若站在对面山上往我们这边看，我们的脚下很可能也是刀切的悬崖峭壁。左转往远处看，便是灰蒙蒙一片平川。后面那块岩石上还有卖水，冰粉（说是庐山的野生栗子做的，是庐山特产），煮熟的嫩玉米等小吃的。冰粉和玉米最受游人青睐，冰粉三元一碗，瑞芳尝了一碗，说："真的好吃。"

走下观景平台，路变得更窄、更陡，我走在前面，瑞芳随后，人人都右手扶着护栏，小心翼翼地慢慢下行，一点不敢张望，此时若一人滑到，不知会累及多少人，不堪设想。若在这里设一夫当关，那真是万夫莫上。约几十米后，小路渐渐稍稍平缓了些，我再次叮嘱瑞芳，走路时千万不要张望，要看风景就干脆停下来看。过游仙石，到观妙亭，回头仰望，刚才所在的观景平台已在云天之上了，在那块向外突出的大岩石上，那黄色的护栏和红色的飘带还隐约可见。继续下行，又经过了两三个景点，就到了仙人洞。仙人洞并不是我原来想象的山洞，而是一块大岩石下面形成的一个大的岩廎(qīng)，高深三丈有余，传说曾有仙人到此修炼而得名。现在洞中有一尊菩萨，说是吕洞宾，旁边有一老君殿，烧香求拜者倒也不乏其人，空气里散发着一点淡淡的香烛味。这里也有冰粉卖，只要两元一碗了。

此一行，我们既领略了"无限风光在险峰，"也看到了"天生一个仙人洞。"

花径　-史瑞芳-

旅游车开进庐山的中心---牯岭街，在花径公园的大门前停了下来。一走进公园，一个小圆亭---花径亭就跃入我的眼帘。走近一看，却像一圆形的"菜篮"加了个盖。亭太小游人不能进去，只能沿栏边往下观看。亭的底面镶嵌了一个条形的石碑，碑阴刻着两字："花径"，传说是白居易的手迹。不日毛主席看后说，不是他的手迹，古时花字的草头不是这样写的。两字涂成红色，但红色涂鸦，虽醒目，看起来却缺乏视觉意趣，因为每个人都靠着亭栏俯视，不合常用的平仰习惯，更不能祥说光感细节。往前再走几步，见一茅屋，导游曰："白居易草堂，现为陈列室。"过一鱼背桥，只需上下两步，再行三步，拾级两梯，进入堂内，迎面玻璃框内装的不知何人书写的《大林寺桃花》篇："人间四月芳菲尽，山寺桃花始盛开。长恨春归无觅处，不知转入此中来。"尺寸非条幅，有落款（字小），二十八个字如藤萝相连，写得随意流畅，非隶，非篆，非柳，非颜，整体飘逸，却不是草书张牙，圆而透迤。草堂坐北朝南，一门进，一排三间，它挂在中堂左隔扇上，权为正厅的中条。左室门前的左侧墙上又挂了一个玻璃框，此框较它尺寸稍大些，用小楷书《琵琶行》全文："浔阳江头夜送客……"。上午 10 时许的阳光正好打在正面和左侧，光线柔和，在密密麻麻的小楷对照下，那《桃花篇》更显妩媚。右室门前无字，左褒右贬，正符合文人政客古规，足见布置此室人的文化底蕴。只是现今的导游放到口边都不能信手拈来，实在不敢恭维。我想花径，就是观看桃花的路，只不过不便问起，无从查考。这是否是香炉峰，是否是大林寺，是否是移植来的，看完了，听完了，走过了，也是一笔糊涂帐，只是世人难得糊涂，不过也让我再也忘不了那桃花诗。虽看不见龙，却看见了龙眼睛。

2005 年 9 月 25 日 阴 农历 8 月 22 日

31. 与子电邮 （2005.10.08）

一陟一抒，
给你们发来新作的小诗一首和庐山游记一篇（用附件）。
爸

2005-10-8

喜迎亚太市长峰会

鲜花朵朵向阳开
白云簇簇迎宾来
热情好客的重庆人啊
笑在脸上，喜在心怀

霓虹烟花放异彩
锣鼓欢歌震天外
改革开放的新重庆啊

从远古来,奔向现代

市长峰会重庆开
亚太宾朋八方来
西部年轻的直辖市啊
昂首阔步,走向世界

32. 与子电邮（2005.12.23）

一陟一抒,

你们的回信我收到了。我给你们发一首国内年轻人喜欢的歌。

爸

《栀 zhī 子花开》（歌手：何炅 jiǒng）

栀子花开, so beautiful so white

这是个季节 我们将离开,难舍的你 害羞的女孩,就像一阵清香 萦绕在我的心怀

栀子花开 如此可爱,挥挥手告别欢乐和无奈,光阴好像流水飞快,日日夜夜将我们的青春灌溉

栀子花开啊开 栀子花开啊开,像晶莹的浪花盛开在我的心海,栀子花开啊开 栀子花开啊开

是淡淡的青春纯纯的爱……

33. 与子电邮（2005.12.25）

一陟一抒,

我把我的两首新作给你们发过来给你们欣赏。一,《李家幺妹长得乖》,我的词和曲。 二,为白居易的《大林寺桃花》谱的曲

妈妈和我唱,昨天上午一陟来电话之前才录好音。节日快乐!

爸

《大林寺桃花》白居易

人间四月芳菲尽，山寺桃花始盛开。长恨春归无觅处，不知转入此中来。

《李家幺妹长得乖》

（男）哎！哎！李家幺妹哟长得乖咃
聪明伶俐哟又勤快咃哟喂
心想送妹咃花一朵哟喂
不知阿妹咃爱不爱哟喂

（女）哎！哎！张家大哥哟长得帅咃
种得花卉哟四季开咃哟喂
心想请哥咃帮帮妹哟喂
不知阿哥咃来不来哟喂

（合）哎！哎！阿哥阿妹哟苗圃待咃
脉脉含情哟把花栽咃哟喂
比翼鸟儿咃双双飞哟喂
并蒂莲花咃永不败哟喂
并蒂莲花咃永不败哟喂

34. 与子电邮（2005.12.31）

一陟一抒，

HAPPY NEW YEAR！今天妈妈让我再给你们发两首歌过来给你们欣赏，祝你们新年快乐。

一首是《我要为你写首歌》，田杨的词和曲，我们觉得词和曲都写的不错。另一首是《军山的夜》，我的词和曲，两首都是妈妈和我唱的。四个附件。

爸

35. 与子电邮（2006.02.11）

一陟一抒，
妈妈让我发一首歌马致远的《秋思》给你们，祝各位元宵快乐。两个附件。
爸

36. 与子电邮（2006.02.18）

一陟，一抒，
你们好！
昨天我们看了电影频道"流金岁月 2006-7"播演的《人到中年》，卢医生夫妇多次念诵的那首匈牙利诗人裴多菲的诗，的确写得很好，翻译得很好，在这部电影里用得也很好，很感人：

我愿意是海洋，只要你是一条鱼，在我的浪花里游来游去；
我愿意是森林，只要你是一只鸟，在我那稠密的树林里做窝鸣叫；
我愿意是废墟，只要你是长青藤，沿着我那荒凉的额攀缘上升。

37. 与子电邮（2006.03.07）

一陟，一抒，
我还从来没有唱过英语歌，也很少觉得英语歌好听。这次一抒发过来的 California，妈妈和我都觉得好听。至于学唱的方法，妈妈和我认为只有反复听熟，慢慢跟着模仿。妈妈都已哼会了 On such a winter's day 了。妈妈和我也想来学学这首歌。我把歌词整理了一下，做成幻灯片。另外，我们看《英伦浩劫》时觉得它的插曲不错，我们很喜欢，把它录了下来，也给你们发过来给你们听听。不知你们这次能不能听到幻灯片里面的声音。两个附件。
爸

--- Yishu Wang 写道:

Ba,

    Can you teach me how to sing this song? The following is the lyrics.
Yishu

California Dreamin'

All the leaves are brown
And the sky is gray
I've been for a walk
On a winter's day
I'd be safe and warm
If I was in L.A.
California dreamin'
On such a winter's day

Stopped into a church (stopped into a church)
I passed along the way (passed along the way)
Well, I got down on my knees (got down on my knees)
And I pretend to pray (I pretend to pray)
You know, the preacher likes the cold (preacher likes the cold)
He knows I'm gonna stay (knows I'm gonna stay)
California dreamin' (California dreamin')
On such a winter's day

All the leaves are brown (the leaves are brown)
And the sky is gray (and the sky is gray)
I've been for a walk (I went for a walk)
On a winter's day (on a winter's day)
If I didn't tell her (if I didn't tell her)
I could leave today (I could leave today)

California dreamin' (California dreamin')
On such a winter's day (California dreamin')
On such a winter's day (California dreamin')
On such a winter's day (California dreamin')
On such a winter's day

38. 与子电邮（2006.03.25）

一陟一抒，

我们最近看了一个电视连续剧《茶马古道》，里面有三首歌，妈妈和我都觉得好听，现发给你们欣赏。附件4个。

爸

1，茶马古道歌　电视剧《茶马古道》主题曲　3:06　作曲：张千一

前面那座山，你是什么山？　过了昌都寺，才能到雅安。巴塘奶茶甜，理塘糌粑香。　过了八宿，就到芒康。阿瓦勒　阿瓦勒瓦勒　阿瓦勒　阿勒阿瓦勒　阿瓦勒　阿勒阿瓦勒　阿瓦勒　阿勒阿瓦勒　music

前面那条江，你是什么江？　过了中甸城，才能到丽江。大理姑娘好，普洱茶叶香。　茶马古道远，人间到天堂。阿瓦勒　阿勒阿瓦勒　阿瓦勒　人间到天堂　阿瓦勒　阿勒阿瓦勒　阿瓦勒　人间到天堂　阿瓦勒　阿勒阿瓦勒　阿瓦勒　人间到天堂

2，《男人的心》　电视剧《茶马古道》插曲　（I'm Not Shy）4:21　作曲：张千一

女：啊　男：我把洁白的哈达献给你　你让山风把它飘去哟　轻轻地　轻轻地让它随风飘去

啊　姑娘，美丽的姑娘　你可知道男人的心　你可知道男人的心啊

噢　它比江河辽阔　它比那高山涧低　你为什么　为什么不把它珍惜。

女：啊　男：我把绿松石耳环献给你　你把它扔到江水里哟　慢慢地　慢慢地让它顺流漂去

啊　姑娘，美丽的姑娘　你可知道男人的心　你可知道男人的心啊

噢　它不怕山高水险　它啊不怕狂风暴雨　噢只怕你　只怕你把笑脸换成泪滴。

它不怕山高水险　狂风暴雨啊　只怕你　只怕你把笑脸换成泪滴哟　啊　换成泪滴啰　啊啊。

3，《玉龙情歌》　电视剧《茶马古道》插曲　词：景宜。曲：张千一

玉龙雪山说过　你在山上等我，阿瓦勒，在山上静静地等

着我，咿子啊依哟，等我来到森林中，把美丽的鲜花插满头，等我来到草地上，把白白的母鹿赶上坡，阿勒瓦勒

　　　　金沙江水说过　你在江边等我，阿瓦勒，在江边悄悄地等着我，咿子啊依哟，让我把美丽、美丽的新娘背回家，让我们化作天上洁白的云朵，阿勒瓦勒

　　　　阿瓦勒,阿瓦勒,阿瓦勒玛达米
　　　　阿瓦勒,阿瓦勒,阿瓦勒玛达米
　　　　阿瓦勒,阿瓦勒,阿瓦勒玛达米
　　　　阿瓦勒,阿瓦勒,阿瓦勒玛达米
　　　　阿瓦勒,阿瓦勒

39. 与子电邮（2007.04.07）

Dear xiao wu,
How are you? I send my poetry to you.

　躺在海邊聽海浪

大海邊，踏海浪
光着腳丫，頂着太陽
啊！How happy!
走在松軟的沙灘上

小貝殼，真漂亮
男人的胸膛，女人的泳裝
啊！How pretty!
還有玩沙的小姑娘

海風咸，海水涼
天似穹廬，蓋在海上
啊！How easy!
躺在海邊聽海浪

2007年4月1日晨 Emerald Isle, NC

40. 与子电邮（2007.06.10）

一陟，一抒，你们好？

一陟的 EMAILS 我已收到，我下载中文音乐、歌曲的网址主要是奇虎 mp3.qihoo.com 和百度 mp3.baidu.com。

我已下载了四百多首在你的电脑里，你可以去查目录，是按拼音排序的。

昨天黄桷坪涂鸦街正式开街，我和妈妈去看了，尽管天下着雨。给你们发来照片见附件。

爸

Yizhi Wang wrote:

Dear mom and dad,

Recently I found a great website for MTV songs: www.youtube.com. There you can find most of the English/French (perhaps other languages as well) for free, not just the songs themselves, but you get a chance to see the singers themselves. For example, you can watch John Denver himself sing: "Country Road" at:

http://www.youtube.com/watchxxxxxxxxxx

(just type in the above address and it will start the MTV show.)

You can also watch John Denver sing "Annie's Song" at:

http://www.youtube.com/watchxxxxxxxxxxxx

You can also type in the name of either singers or songs at the top search box and hit search, and then you will see many choices to the right bottom side of the TV screen. Click on your choice and immediately you can watch the MTV and listen to great music! For example, type in "Celine Dion" or "My Heart will go on" (The song in "Titanic") on the top and search, you will see it. Click on it and then you can enjoy an MTV of this great song. You can try many of my all-time favorite singers:

Celine Dion, Paul Simon, Billy Joe, Julio Iglesias, and my newly acquired French singer Joe Dassin, and many many more, whoever you can name. This is a great website, and I really love it!

  Enjoy!
  Yizhi

Yizhi Wang wrote:

Mom and dad,
  Actually, you can watch many Chinese singers at youtube.com too. For example, you can watch Dao Lang sing 2002 Nian De Di Yi Chang Xue or Chong Dong De Cheng Fa etc. by searching Dao Lang.
  Yizhi

41. 与子电邮（2007.06.14）

一陟一抒，你们好？
给你们发来妈妈和我都很喜欢的谭晶的《远情》，乔家大院（电视剧）主题曲。三个附件。
  爸

42. 与子电邮（2008.07.08）

一抒，你好！
我给你推荐5首歌，见附件。
你可以选其中一首，而且可以只唱它的一段，唱两遍。
分两封EMAIL给你发过来。
妈妈给你推荐《我的太阳》，我没有这首歌，你自己去找，也可以问哥。
  爸
2008-07-08

附件：

一 夫妻双双把家还 文件大小：2.90mb

黄梅戏《天仙配》插曲

树上的鸟儿成双对　绿水青山带笑颜
随手摘下花一朵　我与娘子戴发间
从今再不受那奴役苦　夫妻双双把家还
你耕田来我织布　我挑水来你浇园
寒窑虽破能避风雨　夫妻恩爱苦也甜
你我好比鸳鸯鸟　比翼双飞在人间

二 月亮代表我的心 文件大小：3.41mb

歌手：齐秦

你问我爱你有多深,我爱你有几分？
我的情也真,我的爱也真,月亮代表我的心。
你问我爱你有多深,我爱你有几分？
我的情不移,我的爱不变,月亮代表我的心。
轻轻的一个吻,已经打动我的心,
深深的一段情,教我思念到如今。
你问我爱你有多深,我爱你有几分？
你去想一想，你去看一看,月亮代表我的心。
轻轻的一个吻,已经打动我的心,
深深的一段情,教我思念到如今。
你问我爱你有多深,我爱你有几分？
你去想一想，你去看一看,月亮代表我的心。

三 婚誓 文件大小：1.29mb

电影《芦笙恋歌》插曲

歌手：张振富　耿莲凤

女：阿哥阿妹的情意长　好像那流水日夜响
　　流水也会有时尽　阿哥永远在我身旁
男：阿哥阿妹的情意深　好像那芭蕉一条根；
　　阿哥好比芭蕉叶　阿妹就是芭蕉心
合：燕子双双飞上天　我和阿哥(妹)打秋千；
　　秋千荡到晴空里　好像燕子云里穿

男：弓弩没弦难射箭　阿妹好比弩上的弦
女：世上最甜的要数蜜　阿哥心比蜜还甜
合：鲜花开放蜜蜂来　鲜花蜜蜂分不开
　　蜜蜂生来就恋鲜花　鲜花为着蜜蜂开

　　四　敖包相会　文件大小：4.20mb

　　歌手：刀郎

男：十五的月亮升上了天空哟
　　为什么旁边没有云彩
　　我等待着美丽的姑娘哟
　　你为什么还不到来哟嗬

女：如果没有天上的雨水哟
　　海棠花儿不会自己开
　　只要哥哥你耐心地等待哟
　　你心上的人儿就会跑过来哟嗬

　　五　康定情歌　文件大小：2.01mb

　　歌手：山野　专辑：柏拉图的康定情歌

跑马溜溜的山上　一朵溜溜的云哟
端端溜溜的照在　康定溜溜的城哟
月亮弯弯　康定溜溜的城哟

李家溜溜的大姐　人材溜溜的好哟

张家溜溜的大哥　看上溜溜的她哟
月亮弯弯　看上溜溜的她哟

一来溜溜的看上　人才溜溜的好哟
二来溜溜的看上　会当溜溜的家哟
月亮弯弯　会当溜溜的家哟

世间溜溜的女子　任我溜溜的爱哟
世间溜溜的男子　任你溜溜的求哟
月亮弯弯　任你溜溜的求哟

43. 与子电邮（2008.11.14）

一陟一抒，你们好！
我把为家骥的诗《重游陪都》谱的曲发送给你们，三个附件：简谱，五线谱，歌。
爸

44. 与子电邮（2009.01.08）

Sharon and Yishu,
看了你们的BLOG,妈妈和我都觉得很好,很有趣。
我也学着建了一个 BLOG,只是不知道怎么用,有空教教我。我放了一首我最近为《乡愁》谱的曲在上面,你们可以看看, http://tongguiw.blogspot.com/，点图片可以放大。
爸爸

45. 与子电邮（2009.01.14）

Yizhi and Yishu,
我给你们把老歌《你是灯塔》，又名《跟着共产党走》发给你们，录音是我唱的，四个附件。
爸爸

46. 与子电邮（2009.03.26）

我把歌《阿里山的姑娘你在哪里？》的附件（三个）发给你们

爸

47. 阿里山的姑娘你在哪里？台湾环岛 8 日游漫记（2009.04.20）

阿里山的姑娘你在哪里？（上）

（一）

2008 年 7 月，海峡两岸三通，直接通邮、通商、通航。大陆居民可以赴台旅游了。

川航重庆直飞台北航线顺利首航。瑞芳很想去台湾看看，但价格太贵，春节期间一人一万元多，川航重庆首发台北，要八九千。

2009 年 2 月底，瑞芳和我散步，偶然看见我家附近国旅金科店门外标价"台湾环岛 8 日游 6980"，我们动心了。当天下午我们乘 111 路公交车去解放碑，到"纽约·纽约"（楼名）25 层国旅总部去询问台湾游的有关事宜，很简单，只需要：

人民币 6980 元（包括交通，住宿，吃饭，门票，办理入台证件，保险；不含小费每人每天 30 元人民币，上台北 101 楼的 400 元新台币及个人购物）；退休证，身份证，户口本，6 张 2 寸白底彩色照片(护照照)。

重庆每周出两个团，周五和周日各一个。我们报了名，第二天，叫我们下午 1：30 带上所需的东西到市公安局去找一位郑先生，由他安排我们在公安局填表，面试。所谓面试，实际上就是在电脑的摄像头前照个像。

接下来就是等待，半个月的等待。

3 月 11 号（星期三）下午，在江北红旗河沟公交枢纽站旁的"理想大厦"9 楼开说明会，由海外旅游集团的领队张导交代有关问题。我们这次走的有两个团，我们是 B 团，30+1 人。

（二）

2009 年 3 月 13 日，星期五

下午 3 点半，瑞芳和我在重庆江北机场随旅行团登上了直飞台湾的 CA409 航班飞机，三小时后，飞机准时平安降落在台北桃园机场。

我们团在飞机上座位稍靠后，所以，出了飞机来到入关处，已经没有多少人排队等候了。张导把每个人的入台证件发给大家，交代说："千万不要把证件弄丢了，丢失了证件补办起来很麻烦，而且你至少得在台湾滞留半个月以上。"

入关很顺利，在领取随飞机托运的行李时，出了一点小小的事情。

本来，张导在两天前召集我们开说明会时已经说过，可以带一点水果在飞机上吃，但台湾海关不准携带入关，如果没有吃完，在飞机上必须扔掉。我们怕晚上吃饭太晚，会饿，所以我们就自己带了一点点心和水果。我们在飞机上吃了飞机上发的晚餐，饮料，就基本上吃饱了，自己带的苹果还剩了三个，心想，这苹果这么好吃，扔了可惜。

过了海关，我们就去取托运的行李。就在我们整理行李的时候，一个女海关人员牵着一条小狗走过来，她个子矮小，要不是穿着一身制服，也就是个普通小女孩，小狗走在她前面，与其说她牵着小狗，不如说小狗牵着她。小狗走到我们的行李跟前，用鼻子嗅着我们的小包，围着我们的小包不停地转来转去。

"对不起，我要看看这包里的东西。"声音轻言细语。

"你看吧。"我知道糟了。

她当然很轻易地就找到了那三个苹果。

"这个不能带。"

"对不起，这是我们在飞机上没吃完的，没舍得扔。"

她把苹果放到她拖在身后的小篮子里，走了，别的也没说什么。

我们出来后跟旅行团的一个团友说起这事，他说，"哼，还有一个更厉害，狗闻到他的包有问题，检查结果什么都没发现，海关问他，他也说不清楚，后来才想起来，他的包装过苹果。"

（三）

在走出海关之后，可以在候机厅的一个窗口兑换台币，1 元人民币兑换4.8元新台币(NT)，另外，每兑换一笔要收手续费30元新台币。可以几个人凑起来由一个人去兑，这样能省一点手续费。如果换多了没用完，离开台湾回去的时候可以换回来，不过，那时就要5点几台币才能换1元人民币，而且每兑换一笔也要收手续费30元新台币。因此，换多少，心中要大致有个数。

本来我们也想换一点，但窗口前人多，难等。我们决定先出去再说，反正兑换台币的地方多，银行都可以换，随便换。事实上有的商店，有的商贩，买东西可以直接使用人民币。在商场购物，还可以刷卡，但只用VISA卡。

后来我们发现，卖东西的商贩和商店，如果不收人民币，那他就亏大了。我相信，随着到台湾去旅游的大陆游客的增多，以后的台湾会台币和人民币通用的。

（四）

走出海关大厅，天已经黑了。风大，天冷，我们加穿了衣服。台湾高平旅行社的大巴就等候在门外。高平旅行社的地陪姜导接我们上了车。大巴送我们去离桃园机场不远的南崁(kàn)万翔餐厅吃晚饭。大巴一边开，我们一边看窗外的街景，一边听姜导介绍。街道不很宽，两边的房子也不高，多数为两三层楼，一个接一个的铺面被霓虹灯照得亮亮堂堂，似乎人却不多。在众多商店中，槟榔店更引人注目，一会看见一个，一会又看见一个。在重庆，我们早就听说过槟榔，歌里也唱过"没见过槟榔树下有竹楼"（《马儿啊，你慢些走》马玉涛唱），可槟榔是什么样，我们没见过，槟榔是什么味，我们没尝过。所以对一到台湾就看到这么多槟榔店有点好奇。

我们到台湾的第一餐就安排在桃园南崁。

南崁，在台北的西南边，是桃园县芦竹乡的行政、商业、工业中心。

车停在南崁万翔餐厅大门口，我们下了车，走进大厅，到大厅的里面进了到台湾第一餐。

（五）

吃完晚饭，上了车。汽车向东北方向行驶，上高速，经台北，到我们第一个晚上的住宿地---台北西北边的台北县淡水镇中信大饭店。

上了高速不久，就堵车了，我们的大巴只能十分缓慢地走走停停，有时就长时间地一动不动。车外，宽阔的马路，双向十二车道，一边六个车道，路上的小车大车一辆接一辆，一辆挨一辆，几乎是一点空隙都没有。左边，一片车灯打过来，把天都照得通亮，右边，在黑呼呼的背景下闪烁着一片红红的尾灯，一左一右，形成两条长长的宽带，一直延续到远方的天边，这也是一道风景。在其它地方也常看到晚上塞车的类似情景，但不知什么原因，却没太在意。往远看，不知是楼还是山，有点点灯光，漫山遍野。奔波了一天的我们坐在这塞得死死的大巴里，倒也没有觉得心烦，也没有在意姜导的讲解，大家都在欣赏着这台北郊外傍晚的现代。

　　车子来到一个收费站，我们的大巴没有停车缴费，径直从最右边的那条车道开了过去。姜导解释说，"我们的车过的电子收费通道，只要车子一开过，就自动给你计费收费了。"

　　车子下了高速，慢慢地进了台北。车，少了许多；灯，还是那么亮；人，还是那么少；街道两边的房子，还是那么矮，我们有点失望感。我们心目中，台北的傍晚，应该是高楼大厦，霓虹灯五彩缤纷，车水马龙，人来人往，怎么是这样！但转念一想，我们是路过台北，走的是台北的边缘，当然也就看不见台北闹市的繁华夜景啰。

（六）

　　3月14号，晨。这是8日游的第二天，应该说，真正的游览观光从今天开始。

　　大家都按时早早地起了床，洗漱毕，整理好行李，关好房门，先后来到餐厅吃饭店提供的免费早餐。早餐是自助的，内容很丰富。

　　饭菜花色品种很多，荤的，素的，生的，熟的，煎的，炸的，煮的，炒的；

　　颜色看上去红的，绿的，黑的，白的；

　　主食一般有白干饭，炒饭，炒面条，白稀饭，菜稀饭，八宝粥，小馒头，小面包，烤面包；

　　副食有小火腿肠，盐煎肉，小鱼，小虾，煮鸡蛋，炒鸡蛋，卤鸡蛋，白菜，胡萝卜丝，生菜，洋葱，豆苗，果冻，奶油；

喝的有豆浆，牛奶，咖啡，茶，苹果汁，西红柿汁，草莓汁；

水果有广柑，苹果，火龙果，小西红柿。

我们每一餐尽可能多品尝几样，每一样只尝一点点。觉得好吃的下次再重复，不喜欢的下次就不取了。丰盛的早餐可以说保证了一天的热量。

在台湾8日环岛游共住了7个晚上，7个饭店提供的免费自助早餐都不错。

中餐和晚餐的时间大多会推迟，不过多数还是丰盛的，只有几处中餐不够好，也情有可原。

在中信大饭店门口和"四不像"合影

吃完早餐，我们来到饭店门外，看见门口有一尊狗一样大小的护门铜塑像，瑞芳说是四不像，我让她同这尊四不像合了个影。

四不像，是麋(mí)鹿的绰号，由于麋鹿长相特殊，角像鹿，面像马，蹄像牛，尾像驴，但整体看上去却似鹿非鹿，似马非马，似牛非牛，似驴非驴，故称"四不像。"又一说，麒麟俗称"四不像，"鹿角、龙头、狮尾、牛蹄，遍身鳞甲，麒麟为吉祥的仁兽，它能迎忠良驱邪恶，所以多用来把门看户，以示吉利与威严。一般在检察机关、公安部门、法院门口放置麒麟塑像，以示公正不阿。我小时候看《封神演义》就知道，姜子牙的坐骑是四不像，小时候的我，对姜太公非常崇拜，他的坐骑也神通广大，非常了不起。

我们的大巴开过来了。要伴随我们这7天的大巴，黄色，很新，很漂亮，是 2008 年才从韩国进口的，车身高大，有两层，下面一层只有半人高，是用来搁行李的，上面一层才坐人，里面宽敞舒适。

大巴是高平旅行社租用的姊妹旅游公司的车，车号 628-xx，45 人座，司机姓林，看上去五十开外，车开得很平稳。我们每次上车下车，他都弯着腰在车子的底层帮我们搁行李、取行李。

（七）

离开了中信大饭店，我们要去游览渔人码头---台北县观光鱼市，住地离渔人码头不远，不一会就到了。

渔人码头在台北西北边的淡水镇，是台湾最大的河流---淡水河的入海口，它面对台湾海峡，对面是大陆。

一下车，一阵寒风扑面而来，好在大家早有准备，个个都穿得不少。瑞芳和我把带来的衣服全穿上，她还带上她那张在上海时一陕给她买的黄色头巾，把脑袋裹得严严实实，只露出脸的上半部。

风嗖嗖地刮，但一个个兴奋不已，不一会就四散开来，忙着拍照，三三两两，找背景，摆姿势，有一个年轻一点的女孩子高兴得跳了起来。

妈妈 在同步观光时温约10摄氏度

渔人码头，是打鱼人家的家，他们白天出海打鱼，晚上回到港湾来休息，躲避风浪。打回来的鱼，也在这里卖，买鱼的人也到这里来买，很是繁荣。现在这里成了旅游景点，外地人会来这里参观，本地人也喜欢来这里休闲度假。除了有公路通到这里以外，附近有码头，还有捷运（地铁），交通十分便利。那天我们去得早，所以，除了像我们这样的游人，还没有当地人。

渔人码头，别是一番风景，岸上是花园，有各种各样的花、草、树、木，几栋两三层楼的房屋色彩绚丽。有一栋两层楼的房子，写着"台北县淡水区渔会"。由于这里是旅游地的缘故吧，停车场很大，厕所也宽敞漂亮。水面上靠岸边停满了大大
小小各式各样的渔船。离岸大约两百米，修了一条长堤与岸平行，长堤的内侧也停满了渔船。从岸边到长堤修了一座拱桥，之所以修成拱形，不单是为了好看，更主要的是便于桥下面好通行桅杆高的渔船。不知为什么这桥的名字叫做"情人桥"。

瑞芳很快地率先上桥，到了对面的长堤上，阔步观光，旁若无人。气温大约10℃，北风呼啸，倍觉寒冷，天，一直阴沉沉的，幸好没有下雨。

（八）

行天宫位于松江路和民权东路二段的交汇处，是台北市香火最旺的寺庙之一。车停在行天宫前面，我们下了车，看见寺庙不大，红墙红瓦，十分庄严。大门紧闭，门前人也不多。

姜导告诉我们："进寺庙都从寺庙的左边的侧门进去，右边的侧门出来，也就是人的右手边侧门进去，左手边的侧门出来，一般都不从中间的大门进出，除非有非常重要的高僧或显耀的大官，所以大门通常就干脆不开，让它关闭着。即使中间的大门是开着的，也要从两边侧门进出。如果只有中间一个大门，两边没有侧门，那就走大门的两侧，也不要走中间。"

我们一进门，哇！里面好多人啊！到处都是卖水果的，卖香烛

的，一家挨一家，买水果的，买香烛的人挤来挤去，烧香的，拜佛的，人声，音乐声汇成一片……喇叭放出的佛教音乐，很好听。原来，这时正逢祈安大法会。人们把水果买来，拿去供佛，供完佛就拿到外面专门设的洗水果处洗干净，然后把水果吃掉。

寺庙的里面和外面都有一些宣传佛教和伦理道德方面的专栏，字画，其中有一些我饶有兴趣地仔仔细细地看，比如，"五伦八德"：

五伦：父子有亲，君臣有义，夫妇有别，长幼有序，朋友有信；

八德：孝，悌，忠，信，礼，义，廉，耻。

孝，敬顺长辈，悌，友爱兄弟，忠，大公至正，信，诚正信实，礼，节制规范，义，行事合宜，廉，高风亮节，耻，勇于改过。

净身（行好事，不结恶缘，爱家庭，爱朋友，爱社会），净心（做好人，不起恶念，宽大，善解，不起贪爱、嗔恨和执着），净口（说好话，不造口孽，庄严自己，鼓励别人，口不出妄言、谎言和恶言）。

读好书，说好话，行好事，做好人。

福由心造，祸在己为。

（九）

台湾早期住民，大部分是从中国大陆移居而来的。史料记载，三国吴王孙权驻兵台湾，隋、唐、宋、元、明、清，各朝各代都派兵戍守台湾。17世纪，西班牙、荷兰殖民者先后侵入台湾，郑成功从荷兰殖民者手中收复台湾，甲午战争，一纸丧权辱国的《马关条约》，台湾沦为日本的殖民地，日本二战战败，台湾回归祖国。

台湾也叫福尔摩莎（FORMOSA），葡萄牙语中"美丽"的意思。葡萄牙人来到台湾时，惊讶于她的美丽，大呼："Ilha formosa!"（好美丽的岛！）。现在因为其殖民地色彩而不再使用。

台湾的交通，摩托，小车，大巴很多，出租车都是橘黄色的。

台北市在台湾北面台北县境内，是台湾省的省会，省直辖市，公汽，捷运，四通八达，通到很远的郊区，很方便，是市民出行的主要交通工具。

台北市有三条河流弯弯曲曲从市区穿过，淡水河最大，南边的新店溪自南向北流入淡水河，基隆河在东北面，这三条河围住了台北最繁华的市中心，所以台北是一个多桥的城市。台北的建筑看上去既古老，也现代，高楼不多，大多为三四层，四五层，但，最高的101楼闻名世界。姜导介绍说："新房子五楼以上都有电梯。"台北的街道，多数不是很宽，但绿化都较好，干干净净，车多人多，一遍繁华景象。

松山机场在市中心，基隆河边，现在还在使用，姜导说，"我们星期天来的那个团就降落在这个机场。" 这也是台北不让修高楼的原因之一，市中心现在还保留着机场的，恐怕独一无二，只此一家。一般火车站在市区里面，而机场都远离市区三四十公里，乃至更远。

台北街道的名字，西班牙人统治时期，西班牙人取西班牙人的名，日本人占领时期，日本人又取日本人的名。日本投降后，蒋介石接管，废弃了原来日本人的名字，重新给每一条街取了名，譬如，中山路，中正路，延平路（明朝封郑成功为延平王），罗斯福路，和平路，中华路，建国路，三民路，民权路，民生路，民族路，圆山路，忠孝路，信义路，市民大道，重新路，复新路，重庆路，南京路，西安路，长安路，承德路，敦化路，松江路。听说陈水扁曾经想搞所谓的"正名，"要把这些蒋介石时期取的名字通通改成原住民最原始的名字，但未能实现。

一个牌子上写着醒目的大字："骑楼人行道禁停机车" 。机车就是摩托。骑楼就是街道两旁楼下留出的人行道。过去，乡场小镇两边是平房，屋檐下是人行道，可遮阳避雨，现在平房变楼房了，原屋檐下的人行道便成了骑楼，台湾多骑楼，也是沿袭下来的古老痕迹。

台湾的物价比较贵，公交车起步价15块。在超市买一瓶矿泉水要18块，啤酒一瓶48块，在饭店里吃饭，一瓶或一听啤酒100块。

在小巷口，一个卖小吃的路边小摊，一个饭甑子，一口大锑锅，里面装的好像是饭，牌子上大字写着:"油饭 25 元"、"冬粉 25 元",我看了一会,生意还不错,不断有人来买。

不远处,我看见一块精致的木牌,上面写着,"行天宫周边严禁设摊 违者从严扣摊",落款是"中山分局建国派出所"。

(十)

台北故宫博物院,原名中山博物院,位于台北市郊,阳明山脚下,始建于 1962 年,是中国著名的历史与文化艺术史博物馆。藏品包括北京故宫、沈阳故宫旧藏之精华,共约 60 万件。博物院的主体建筑分为四层,第一层是办公室、图书馆、演讲厅;我们参观的第二、三层,是展览书画、铜器、瓷器、出土文物、玉器、法器、雕刻,图书文献、碑帖、织绣,历代钱币,譬如"翠玉白菜"、"三镶玉如意",王羲之的《快雪时晴贴》,黄公望的《富春山居图》,颜真卿的《刘中使贴》,苏东坡的《寒食帖》,宋徽宗(赵佶)书法手迹……第四层为各种专题特展。

台北故宫的文物是北京故宫的一部分,两院只有合在一起,才是一个完整的故宫。两院各有千秋,但都不完整。台北故宫 70 万件藏品,北京故宫超过 100 万件珍藏。北京有《清明上河图》原作,台北没有原作。龙袍,中国历代只有清王朝留下来的,当时的学者认为清朝的东西价值不大,没有拿,所以台北没有龙袍。北京故宫是真正的正宗的宫殿,而台北故宫只是一个博物馆。

台北故宫是台湾儿童,青少年历史和文化艺术史教育的课堂,可以说没有没来台北故宫参观过的孩子。有些孩子前来参观过多次,对里面某些展品,如翠玉白菜等,非常熟悉。外国人,大陆游客来到台湾,也无一不来这里看看。

台北故宫只能看,参观者不让照相、摄影。车子可以径直开到里面的大门口,前来参观的车多,里面的人很多,二三十人,三四十人一簇一簇的围在讲解员周围,一边看,一边听,每个人都戴着耳机,戴着耳机才能听到自己导游的声音,不然就只能听到从若干个讲解员的喇叭里传出来的嘈杂的噪音。

瑞芳在《清明上河图》前，久久不肯离去。

《清明上河图》画，是传世名作、一级国宝，是中国绘画史上最著名的作品之一。《清明上河图》是一幅具有历史价值的风俗长卷，描绘了清明节日都城汴梁（今开封）和汴河两岸人物活动的情景，反映了北宋社会生活的一些侧面，全幅场面浩大，内容极为丰富。《清明上河图》长525厘米，宽25.5厘米，画中计有人物684个，牲畜96头，房舍122座，轿子8顶，船25只，树124棵。下图为该画局部。

（十一）

台北有大大小小的很多免费公园。原蒋介石住的地方---士林官邸，现在也成了供世人休闲散步，游览观光的免费公园。士林官邸在台北北面，位于中山北路五段，公园不大，园内有蒋介石宋美龄住的官邸正房（现在正在修缮不让参观），中花园，生态园，玫瑰园，观赏植物展示室，新兰亭，凯歌堂。

走进公园大门，首先映入眼帘的是右边的一个车棚，棚下停着一辆黑色轿车，姜导介绍说："这是宋美龄1988年坐的防弹车。"车很普通，方头方尾，好像比现在的小轿车略长一点。在旁边的一间名为"消费合作社"的卖纪念品的房间里，有几张蒋介石和宋美龄的黑白生活照。

公园里很清静，人不是很多，但也不算少，这里没有喧哗，来这里的人，都静静的欣赏着这里的风光，品味着这里的静谧(mì)，照相机摄影机忙个不停。

天气还不错，虽然没有出太阳，倒也亮堂。风，也不大，使人觉得不冷不热，十分宜人。行道两旁有一排排我在别处还未曾见过的树，高大挺拔，树干灰白色，皮可以剥出很多层，故名曰"白千层"。在其中一颗的树干上有一个牌子："白千层的请求 我是不是越来越瘦 只请求你欣赏关爱我 求你别再剥我的皮。" 玫瑰园的玫瑰已经盛开，一行一行的，每两行之间有一条供人们走进去参观的小路，就像菜地一畦(qí)一畦的，花还不是很多，但很美。

树干灰白色，皮可以剥出很多层，故名曰"白千层"

凯歌堂很小，红砖平房，外观朴实，往里面看，比一间教室略大一点，陈设也很朴实，四五十把单人座椅子，看上去很不起眼。这是蒋介石和宋美龄做礼拜的地方，受邀来这里做礼拜的都是国民党政府高级官员，高级将领，外国贵宾，艾森豪威尔，尼克松也曾在此聆听讲道。

（十二）

士林夜市离士林官邸公园不远，车子一会就到了。夜幕降临，路灯亮起来。在台北，夜市很多，唯士林夜市规模大，名气大，成了夜市的代表。台湾各旅行社把它作为台北的一个景点，来台北旅游的客人都要到这里来看看，了解台湾老百姓的民风民情，品尝一下台湾名小吃。姜导介绍说："士林夜市是一个24小时营业的大型农贸集市，这里集中了台湾的各种名小吃，它原本是露天的，非常繁荣，现在修了房子，把市场装到房子里面后反倒不如从前。"

从外观看，正方形的房子，大，矮，旧，灰色，四面有门，四面临街，我们进的大概是后门，门的上方有几个大但并不醒目的字"士林临时市场"。进门一看，哇！里面热闹非凡，灯火辉煌，香气扑鼻，人头攒(cuán)动，人声鼎沸，叫卖声，人声，音乐声，混成一遍，卖小吃的摊位一个挨一个，竖一行，横一行,有很多行,中间给顾客留出的行道显然显得狭小,来来去去的客人十分拥挤,各种小吃琳琅满目:麻辣臭豆腐,生炒鳝鱼,红油抄手,大饼包小饼,原味大香肠,黑胡椒大香肠,泡泡冰,蜂蜜苦瓜汁,十全排骨,铁板烧,炒饭,炒面……

里面通风很好,我们转了几圈,一点不舒服的感觉都没有。

(名小吃:大饼包小饼)
(戏称:大便包小便——谐音)

市场的外面有一个大的停车场,上面停满了小车,摩托,还有儿童游乐场。

能不能给大家留下印象,除了味美以外,名字取得是否风趣也不可小视。比如,"大饼包小饼"。人们南腔北调地一说,就成了"大便包小便",大家一阵笑,就记住了这个名字,一个传一个,流传开来,一看见大饼包小饼,都想尝一尝。天津"狗不理"包子,就有这种效果。打广告的目的不就是为了让更多的人记住自己产品的名字吗?这是多省钱的广告啊!

由于一些东西的叫法、说法大陆跟台湾有点不同,也会有笑话,举个例子,姜导问:"谁要吃避孕药?"大家一阵笑,姜导才明白,于是他解释了几句,大家才明白,是晕车药,"避晕。"

(十三)

从士林夜市出来,车子开出台北,向西南驶去,今天晚上要住中坜,因为明天要去台湾中部的日月潭。

中坜市属桃园县,在桃园市的西南边。

台北到中坜大约有一个多小时的车程。游览了一天的我们,已无心再看窗外的夜景,不觉阵阵倦意袭来,讲解了一天的姜导，大概也讲累了。这时，张导从她一直坐的最后面的座位上来到了最前面。

重庆出美女，张导，苗条的身材，高挑的个，标准的重庆漂亮女孩，性格开朗，大方，热情，对游客关心，细致，周到，拿起姜导的话筒，声音也亲切甜美：

"现在让我们这个团的人来互相认识一下，每个人都来自我介绍，叫什么名，从哪里来，做什么的，喜欢爱好什么，等等等等，大家说，要得要不得？"她的普通话，特别是"要得要不得？"椒盐味十足，我想她可能是故意的，一下提起了大家的兴致，大家也用椒盐味十足的普通话回道：

"要得。"

"从哪一个开头呢？"张导问，仍然是椒盐味。

"先从老的开头。"年纪小一些的吼叫，全都用椒盐普通话。

"先从前面的开头。"坐在后面的吼叫。

"从张导开头。"大家一致吼叫。

"好吧，就从我开头。我是张导，海外旅游集团重庆分部导游，喜欢看书。"

"家住哪点啊？"有人高声提问。

"家住江北黄泥塝。"

"好多岁啊？"一个大嗓门的男声。

"女娃儿的岁数不方便说，但可以告诉你，未婚。"

"啊！"大家一阵笑，鼓掌。

接下来，从前面到后面依次一个一个地作了一番自我介绍。

前面有一个男声介绍到最后风趣地说："我跟我老婆同睡在一张床上，各想各的事情，我想阿里山的姑娘，她想阿里山的小伙。"说得大家哄堂大笑。

轮到瑞芳了，她站起来，拿起话筒：

"我叫史瑞芳，来自江北区，退休教师，喜欢京剧。"

"唱一段！"一些人吼叫起来。

"好吧，就给大家来一段'红灯记'里李铁梅唱的《都有一颗红亮的心》。"

清了清嗓子，她唱了起来。

"我家的表叔数不清，没有大事不登门，虽说是，虽说是亲眷又不相认，可他比亲眷还要亲，爹爹和奶奶，齐声唤亲人，这里的奥妙我也能猜出几分，他们和爹爹都一样，都有一颗红亮的心。"歌声清脆、洪亮、委婉、动听。

"好！""好！"叫好声不断，鼓掌，热烈地鼓掌。

下一个轮到我。

"我叫汪同贵，退休教师，来自江北，这是我老婆，爱看电视，运动，散步。"

"他还喜欢作曲。"瑞芳揭我老底。

"唱一首你作的歌！"一些人又吼叫起来。

"不行，不行，我真的不行。"我措手不及，毫无准备。

"我来帮他唱。"瑞芳给我解围。

"好！""欢迎！"

"唱什么呢？"她问我，看来她也没准备。

"你随便吧。"

"那，就唱李清照的'如梦令'。"说着她就唱了起来：

"昨夜雨疏风骤，浓睡不消残酒，试问卷帘人，却道海棠依旧，知否知否，应是绿肥红廋。"四三拍的旋律，轻快，流畅，舒服。

"好！""好！"又是一阵叫好，热烈地鼓掌。

我们团的人来自北碚，南岸，渝北，涪陵。江北的就我们两个，年轻人不多，五六十岁的占多数，年纪最大的那个老头子80多了。好多人都特喜欢旅游，说起来他们当中不少人都去过很多地方，国内的不说，什么香港澳门，韩国，日本，新马泰，欧洲十几国，俄罗斯，英国，美国……

在酒店住好之后，我们在酒店附近参观了一会儿中坜的夜市，中坜的夜市比台北还繁华，霓虹灯红红绿绿，把街道和商店照得通亮，人来人往，车水马龙。

酒店里可以免费上网，但台湾的汉字输入不用汉语拼音b、p、m、f，也不用五笔，而是用注音符号ㄇ、ㄋ、ㄩ、ㄑ，我年轻时学过，几十年不用，全忘了，我没有办法输入汉字，就用英文给孩子们简单地发了个email，报个平安。

（十四）

3月15日，晨。天气晴朗。今天要去日月潭。汽车向南行驶，不一会上了高速，窗外，一轮红日冉冉升起，驱散了淡淡的薄雾，给大地打上了一层灿烂的光，一排排房屋，一簇簇树林，一片片田地，快速地向后移去。台西平原，真美！

台湾素称宝岛，中央山脉纵贯南北，地势东高西低，东面是高山，西面是平原，土地肥沃，气候宜人，出产丰富，以各种各样的水果闻名天下。

有的水果我们在大陆还没有见过。比如，我们买的水果当中，就有两个形状大小像柿子海椒，红红的，挺好吃的水果，我们就不认识，叫不出名字，后来才知道叫莲雾，10元，15元台币一个，价格不等，看它的新鲜程度而定，越往南走越便宜。台湾卖水果论个卖，也可论斤，但要注意，台湾是16两为一斤，他说5两，你千万不要以为就是半斤。

公路两边，槟榔树特多，一片一片的。槟榔树，棕榈科，树干不分枝，高达10～15公尺，树干笔直，圆柱形，10～15厘米粗，有明显的环状叶痕，只在顶上有一簇叶，叶下面大约70公分围着干长着一圈槟榔果。姜导自己掏钱买了一点槟榔果给大家品尝。槟榔果很小，像小枣，椭圆形，青色，8至11月果实完才完全成熟，味涩苦，难吃，而且尝了以后，难受的味道久久不消失。

人们取之咀嚼，嚼吃起兴奋作用，很多人有嚼槟榔的习惯。槟榔果实中含有多种人体所需的有益物质，种子可入药，是我国名贵的"四大南药"之一，主治虫积（如蛔虫、绦(tāo)虫、蛲虫等），食积、气滞、痢疾、青光眼。

有人说槟榔伤胃，有人吃了老打嗝，对人身体不好；有人说槟榔伤牙，吃了槟榔牙齿变黑。从台湾到处都是槟榔店来看，它肯定是不少人的生活必需品。司机林先生说，"我一个月要吃一千

多块钱（新台币）的槟榔，不吃不行啊，要开车啊。"

约十点过，我们来到高速公路路旁的休息区休息片刻，让大家上上厕所（台湾管厕所叫盥洗间或化妆室），抽烟的过一下烟瘾（台湾现在正在搞禁烟，很多地方，很多场合都不准吸烟）。我们下车一看，这里停了十多辆大巴，好多人啊！厕所尽管很大，还是拥挤不堪。大巴陆陆续续，去的去，来的来。我想，这么多人都是去日月潭游览的，台湾的旅游要赚好多钱啰！而这些人多数来自大陆！停车场上，光我们的"姊妹"（姊妹游览公司的，跟我们的车外形完全相同），我就看到三个。高速公路路旁的休息区，如此盛况空前，我还前所未见。

在长条形洗手池洗手时，我抬头看见墙上有字画，"请节约用水"，"正确洗手，远离疾病"。（湿，搓，冲，擦：先把手淋湿，再（打洗手液）搓手，然后再冲洗，最后擦干）。这么简单的事情还要你教？其实不然，我看不少人打开水龙头哗啦啦地冲了一阵，水浪费了，手未必洗得干净。我联想起，很多年前，在大街旁的卫生专栏上，有题为"你知道应该怎样刷牙吗？"（要上下刷），"你知道应该怎样擦屁股吗？"（要从前面往后面擦）的文章，我觉得好，值得一读。

休息后又上路，车子不久下了高速，向东驶去，渐渐出现山丘，山丘越来越大，越来越高，车速也慢了下来。不知谁提议，"请姜导给我们唱支歌好不好？"

"好！"大家高声附和。

姜导笑着推辞，大家一致坚持。实在推辞不过，姜导便唱起来："……"唱了两句，忘词了，唱不下去。坐在后面的黄老师自告奋勇唱一段京戏，"智取威虎山"少剑波唱的"我们是工农子弟兵，"他开了个头，全车人跟着合唱起来。

"我们是工农子弟兵，来到深山要消灭反动派，改地换天，几十年闹革命南北转战，共产党毛主席指引我们向前，一颗红星头上戴，革命红旗挂两边，红旗指处乌云散，解放区人民斗倒地主把身翻，人民的军队与人民共患难，到这里为的是扫平威虎山……"。

接着后排一个男高音唱起杨子荣的"打虎上山"：

"穿林海，跨雪原，气冲霄汉……"

"好！""好！"喝彩声不断。

姜导惊叹，"你们唱京戏怎么个个都这么厉害。"

姜导，四十开外，基隆人，中等个，体壮，大学毕业后干过些别的事情，后来改当导游，也有七八年了，是一个有耐心，懂业务，能干，责任心很强的导游，说起话来轻言细语，一天到晚，车上车下，不停地给我们讲解，一刻也不偷懒。从他的讲解中我们获得了很多知识，七天如一日，把我们照顾得巴巴适适，给我们留下了良好印象。从他和司机林先生身上，我们看到了台湾人的素质。

(十五)

日月潭和阿里山名气很大，大陆人没有不晓得日月潭、阿里山的。很多人来台湾旅游，可以说就是奔着日月潭、阿里山来的。

日月潭(MOON-SUN LAKE)，在台湾中部，阿里山的北边，属南投县，是台湾最大的淡水湖泊，也是最漂亮、最迷人的旅游胜地，世界闻名。海内外文人墨客，无不以到此一游为平生最大心愿。日月潭原为两个湖，一个像圆圆的太阳，一个像弯弯的月亮，故名"日月潭，"水位也很低。日本人占领时期，为了发电，引水进来把水位提高，两个湖就连成了一个。

日月潭很大，相当于六七个西湖那么大。

车子拐了一个弯，翻过一个坳(ào)，眼前便出现一汪蓝蓝的水，像一块很大很大的玉，镶嵌(xiāngqiàn)在绿树之中。微风吹过，湖面泛起涟漪，阳光撒在水面上，波光闪烁。啊，这就是日月潭，多少年来憧憬的日月潭，今天终于见到了。

我一边忙着照相，摄像，一边听姜导讲解，一首小诗也正在心里酝酿(yùn niàng)形成。

天上掉下块蓝田玉，
嵌在阿里山的森林里。
蓝蓝的天，绿绿的地，
波光粼粼起涟漪。
西湖美景赛天堂，
你比西湖还大器。

天上掉下蕴田玉，镶嵌在阿里山的森林里。蕰蓝的天，绿绿的地，氤氲氤氲起涟漪。西湖美景赛天堂，你比西湖还大器。

日月潭不仅大，而且四周全是茂密的森林，沿着环湖公路走一圈三十多公里，景点很多，时间关系，我们只乘游艇去看两三处景点：拉鲁岛，玄光寺，邵族（台湾一少数民族）居住地。

拉鲁岛，圆圆的，小小的，其形状大小像重庆街口的转盘（北京叫环岛，安全岛）。岛同礁的区别是什么？上面有植被的称之为岛，无植被的则为礁。

拉鲁岛留念

"拉鲁岛很小，"开船的邵族小伙一边开船，一边给我们介绍，"是世界上最小的岛，这里是日月潭的中心点，也是日月潭的分界线，拉鲁岛的这一边是日潭，那另一边是月潭。拉鲁，邵族话，祖先的意思，是邵族祖先居住的地方，它原本并不是岛，九·二一大地震，地陷水升，才形成了现在的小岛。岛上有两颗树，一颗枝繁叶茂，一颗看似枯萎。拉鲁岛上有一只白鹿雕塑，相传邵族祖先就是为了追赶一只白鹿，从阿里山追到这里，发现这里山清水秀，就回去把整个部落迁了过来，从此我们邵族就在这美丽的湖边定居，繁衍生息。为纪念白鹿的引进之恩，在这拉鲁岛上塑了这只白鹿，每年中秋节邵族人还要在祭司的带领下来岛上祭祀祖先。由于小岛实在太小，游客不能上去，围着小岛搭建了一座浮桥，浮桥离岛有七八米远的距离，游客只能站在浮桥上参观拉鲁岛，待会上浮桥参观的时候，大家一定要注意安全，千万不要把人或相机给掉进水里。"

（十六）

玄光寺是日月潭湖边的一座小寺庙。台湾寺庙很多，随处可见，玄光寺作为寺庙本身，没什么特别之处，不过它处在日月潭边，高山脚下，丛林之中，也就别有一番景致。

玄光寺的上面还有一座玄奘寺，来日月潭游览的虔诚的佛教徒们，无一不来此朝拜这两座寺庙，香火旺盛，故成为日月潭热闹的景观之一。

我们下船，过木桥，上岸，沿着之字形的石梯往上爬，近千米的青龙山步道，我们只爬了一半。来到玄光寺前，回过头来，居高临下，俯瞰(kàn)日月潭，拉鲁岛……

时间关系，不能继续爬上玄奘寺，我们下山返回游艇。

在去玄光寺的半路上，有几个练法轮功的男男女女在路边参禅打坐，挂着几幅"法轮大法好"之类的大标语，他们没有妨碍游客，游客也没有搭理他们。

（十七）

游船驶向展现日月潭原住民特色的邵族文化村。台湾有十几个少数民族，邵族是最神秘、人口最少的稀有母系少数民族。邵族居住地不是我原来想象中的古老、原始、破旧，相反，它是位于湖边丛林中的现代、整洁、山水秀丽的小镇。从小镇漂亮的外观可以看出，邵族人的生活很现代，幸福。邵族人目前只剩下两百多了，所以，政府鼓励他们生育，他们生一个孩子，政府要奖励 10 万元新台币，生两个，奖 20 万，生十个，奖 100 万，政府还鼓励外族人同他们结婚。一个广州妹嫁入邵族做旅游服务。

整个台湾岛都不节制生育。

日月潭边邵族部落居住地
湖边丛林中有现代、雅洁、山水秀丽的小镇

我们上了岸，来到街上，街上的铺面全都卖邵族的土特产。我们进了最大的一家，两层，下面一层是商店，上面一层是餐厅。我们一进商店，里面已经有很多游客，马上就有人来接待我们，给我们送来刚沏的热茶，一位女祭司为我们介绍邵族文化和历史，介绍他们各种各样的土特产，在大厅里展示着很多与邵族民俗文化相关的展品，山里的特产，譬如：鹿胎、鹿胎粉、鹿茸、灵芝、茶叶、蜂产品等等。

鹿胎，就是将怀孕的母鹿麻醉，趁其不醒鹿事的时候，把她怀着的孩子从体内取出来，晾干后用玻璃纸包装运到商店。

鹿胎粉，邵族人有专门榨制鹿胎粉的电动工具，把鹿胎掰(bāi)碎放在一个不锈钢罐子里，打开罐子下面电动开关，不一会儿，鹿胎就被磨成了粉状。

邵族人在表演节目
边吃饭边看表演

我们参观购物的时候，姜导就上楼去给我们安排午饭。我们上了楼，看到楼上餐厅十分拥挤，我们围着姜导事先定好的三张饭桌坐下来，等候上菜。环视四周，发现餐厅的上方有一个表演节目的舞台，舞台上也布置着邵族的一些特别的物品。我们开始吃饭了，音乐声起，舞台上几个穿着邵族服装的姑娘小伙开始表演节目，唱歌，跳舞，气氛欢快，热烈，人们一边吃，一边看，一边照相摄影……

（十八）

中台禅寺位于南投县埔里镇，是我看到的最现代，最宏伟的寺庙，有37层，可乘电梯上去。我们这次有幸上了第37层，那天正值农历2月19，是观音菩萨的生日，观音菩萨一年有两个生日，2月19和9月19（农历），一个是出生日，一个是得道日，还有人说有第三个生日6月19。我们团经特许不乘电梯，改下步梯，从37层下到第五层去拜谒(yè)观音菩萨，我们当中很多人给观音菩萨捐钱，磕头，默默祈求菩萨保佑。瑞芳捐了20元人民币。

开山方丈惟觉大和尚是四川省营山县人。

一楼四天王殿有弥勒菩萨，韦驮菩萨，十八罗汉。四大天王，高12米，于殿堂四方，每尊皆有四个头，面向四方，二楼大雄宝殿供奉着佛教教主释迦牟尼佛，大禅堂，上禅堂分别设在五楼大庄严殿和九楼大光明殿，十八楼的万佛殿中心位置耸立着七佛塔（全是木做的，榫(sǔn)接，不用一颗钉子）。顶上是金顶。

中台禅寺是一个小型社会，他们自给自足，有土地自己种粮、种菜、种花，有缝纫厂自己缝制衣服、鞋帽、被子，有洗衣部，膳食部，在做法事的时候可供五万人用餐，有铁工，木工，安全保卫，交通，运输，图书馆，电脑室，文物展示中心，信息资讯中心，电台，电视台，文教中心，小学，中学，大学（中台佛教学院分男众佛教学院和女众佛教学院，内设大学部，研究所），孩子们在这里除了学习文理各科，还要学棋，琴，书，画，电脑，外语要学四门：英，法，日，西……

中台禅寺位于台湾南投县埔里镇 是我看到的最现代最宏伟的寺庙，有37层

当晚我们住在中台禅寺附近的平云山都，晚上再看中台禅寺夜景，的确漂亮。

（十九）

3月16日上午，汽车经斗牛，云林，向阿里山进发。天气晴朗，阳光灿烂，车外的景色和前两天看的大致差不多，姜导大概也没有什么新鲜的东西可讲解，于是就给我们放碟片。姜导说："这套碟片是内部发行，有十几张，内容有张学良，邓小平，毛泽东，邓丽君，邓丽君的演唱会等等，大家想看什么？"

"都想看。"

"那就先放张学良吧。"

大家饶有兴趣地看起录像来。影片很长，有三四碟，是采访张学良本人的录像，主要的画面都是张学良本人在那里讲。老年的张学良，瘦小的个子，精神还算好，讲话也清楚，实在，风趣。从他的父亲讲起，讲他这一辈子的事情，讲他小时候，讲抗日战争，讲西安事变，讲他的晚年生活，我们觉得很有意思，看得津津有味。

不知不觉，张学良还没看完呢，车子就到了阿里山。

阿里山其实很大，南北向，纵跨几个县。我们说的阿里山，指的是旅游景区---阿里山森林公园，在嘉义县，正如我们说游长城，通常指的是八达岭。

我们一到半山，就看见山坡上一片片茶园。阿里山高山茶，因为产区刚好位于北回归线两侧五十公里的山区内，加上终年云雾笼罩，茶叶丰润浑厚，茶韵甘美，香气十足，质量上乘，是台湾名特产，来台湾旅游的都要买一些带回去当礼品。我们团购买力特强，在这里就开始显现出来，有几个人一大箱一大箱地买。

阿里山的茶园

有女士发现这里的瓜子很好吃，好几个人都买了，后来还有人想去买，结果居然缺货，没买到。

买了茶，吃了午饭，再乘车继续上山。到了景点，下了大巴车，人特多，还要排队等候，改乘景区的小巴去游览地。

到了游览地，下了小巴车，游客自上而下，像游行队伍，成双行行走在森林中大约一米宽的称为"森林浴健康步道"的石板路上，沿途为红桧（guì），台湾扁柏，柳杉等天然林和人工林，一片一片的树林，树长得高，大，密，直。

桧，常绿乔木，木材桃红色，有香气，可作建筑材料，亦称"刺柏。"

森林里有一条早已废弃了的窄轨铁路，这是当年日本人大量砍伐阿里山原始森林的树木运原木到高雄用的，是当年日本人掠夺台湾资源留下的罪证。

走了不一会，看见一块牌子，上面写着"姊妹潭"，一个不大的池塘，旁边写着"妹潭"，再走几步，一个稍大一点池塘，旁边写着"姊潭"。传说一对原住民姊妹同时爱上一名男子，由于不愿伤害姊妹情谊，但又无法割舍爱情，分别投入两潭殉情而得名。又走了一会，看见一块牌子写着"三兄弟"，

指的是旁边鼎立的三株高大挺拔的桧木树，原来这三株树同长在一个被砍伐后遗留下来的大树头上，犹如一母所生。不远处又看见了"四姊妹"。

当年被日本人砍伐的大树，留下树桩，现在成为阿里山的特色景观。

沿途都是大树桩，多大？居然在相邻的两座桧木树桩上，修建了两个相连的茅草盖的亭子，取名相思亭，每一个亭子的大小同常见的亭子一样大，供游人休憩(qì)。

很多树桩呈现出各种各样的形状，如，"金猪报喜"酷似猪头，你看，耳朵，鼻孔，嘴巴，惟妙惟肖。

受镇宫，阿里山最大的寺庙，旅游休息地。我们在这里休息，上厕所，这里有龙隐寺，香林国民小学校，附近还有一所香林国中，高地训练基地。

阿里山福德万古树是一个倒过来的U字形的树头，道路从它下面穿过，给人一种好像穿过古时候的城门洞一样的感觉，一个牌子上写着"海拔2182米"。

千岁桧位于树灵塔上方，树龄2000年，树高35公尺，胸围11公尺。树灵塔下方，一颗叫"阿里山看林神木"的红桧树，树龄有2300岁，树高45公尺，胸围12.3公尺。二树枝叶扶疏，高大雄伟，皆装有避雷针。

"三代木"也很有意思，一颗树是从一个树头上长起来的，而这个树头又是从它下面一个更大的树头上长起来的。你看，自下而上，爷爷，父亲都已过世，孙子正茁壮成长。

在返回的路上，不知谁问道"怎么没有看见阿里山的姑娘？"是啊，"高山青，涧水蓝，阿里山的姑娘美如水呀，阿里山的少年壮如山……高山长青，涧水长蓝，姑娘和那少年永不分呀，碧水长围着青山转……"这首由邓丽君，奚秀兰，张惠妹演唱的歌，谁没有听过？谁不会哼上几句？可是真到了阿里山，居然没看见阿里山的姑娘。导游解释说，"要真想看阿里山的姑娘，得到离这里很远的村寨去。"我似乎一下子明白了，阿里山的姑娘不应是狭义的阿里山的姑娘，而应该是广义地指台湾姑娘，台湾同胞，台湾所有的兄弟姊妹，他们都美如水，壮如山。一首小诗在心中油然而生：

阿里山的姑娘你在哪里？

美如水的姊妹啊，
壮如牛的兄弟，
阿里山的姑娘啊，你在哪里？
我千里迢迢来把你寻觅。

六十年的企盼啊，
六十年的相思，
阿里山的姑娘啊，你在我心里。
我们今日相见永不再分离。

下了阿里山，汽车向西，再转向南，上高速，向高雄驶去。车内，继续放"张学良；"车外，夜幕悄悄降临。
晚餐在高雄品尝美浓客家菜。

　　阿里山的姑娘你在哪里？　（中）

（二十）

3月17日。
台湾，省下面设县，县下面设区、乡，乡下面设村、里。最小的是里。乡比镇大，有的市都属乡管，县比市大。当然，直辖市除外，隶属省管。
台湾有两个省直辖市，一个是台北，一个是高雄。
高雄是一个很现代，很漂亮的滨海大城市、大港口，位于台湾岛西南，隔台湾海峡与大陆福建省相望，为我国南北航线航运要冲，太平洋西部重要航运中心，台湾省最大的水陆交通枢纽。
高雄街道宽阔，绿化很好。在离我们住地不远的民权二路街口，我们看到，中间双向六车道，中间的隔离带较宽，上面种有一行大树，两边是自行车道，汽车道和自行车道之间的隔离带有两三米宽，上面又一行高大的树，自行车道的外面是人行道，人行道边也有一行高大的树，这样，一条街上就有五行高大的树，把早上斜照过来的阳光遮了个严严实实。在路口红绿灯下还看到一块交通牌，上面画了一辆自行车，写着"行人优先"，小小一块牌，体现人性化。

四行高大的树把早上洒照过来的阳光遮了个严严实实高雄的街道

高雄的建筑现代，高大。宽阔的爱河，蓝天一样的河水，静静流淌，穿城而过，爱河上，密密的桥连接两岸，车来车往。爱河两岸绿树成荫，风光旖旎（yǐnǐ），晚间游人如织，还有乐队演出。

美丽的西子湾是台湾八景之一。

西子湾位于高雄西郊，距市中心约20分钟车程，依山临海，北面寿山公园，南面隔海与旗津岛相望，是一处以夕阳美景，天然礁石闻名天下的港湾。

沿着之子形的石梯，我们

宽阔的爱河，蓝天一样的河水，静静流淌，穿城而过，爱河上，密密的桥连接两岸

登上近百米高的鼓山，山上有灵兴殿，打狗英国领事馆就在寺庙旁边，紧邻陡峭的崖壁，三面环水。高雄旧名"打狗"（TAKAO），后来嫌其不雅而将"打狗"改名"高雄。"站在高处，回头远眺，海天一色，美不胜收。国立中山大学坐落于西子湾风景区内，是一所风景秀丽的名牌大学。

高雄85大楼，是高雄最高大楼，在台北101之前也是台湾最高建筑。

在高雄千耀钻石中心购物，我们团的强大购买能力又一次显现出来，后到的两三个团都先后离去，我们团还有人在那里精心选购，讨价还钱。

青春城市　海洋高雄

85大楼是高雄最高的大楼　　目前是台湾第2高楼

（二十一）

车子向东行驶，车内放着碟片"邓丽君。"邓丽君的歌声响遍神州大地，亿万人被邓丽君的歌声醉倒。可以说中国人，无论男女老少，港台大陆，海内海外，没有没听过邓丽君的歌的，没有不喜欢邓丽君的歌的，没有不喜欢邓丽君的。大家都专注地看着碟片，希望对邓丽君的生平了解得更多，更多。

邓丽君，祖籍河北省大名县，父亲是老兵，随蒋介石"大撤退"到台湾。1953年1月29日，邓丽君出生于台湾省中部的云林县……1995年5月8日，因气喘病发猝(cù)逝泰国清迈，享年42岁。

来到台东，又是另一番景色。

台湾东西部发展极不均衡。西部从台北到高雄，是政治、经济、文化中心，人口密集。东部人口稀少，台湾人口2300万，东部人口不到100万。东部开发较少，海岸、峡谷等自然景观留存完好，是最热门的旅游目的地。

眼前突然出现一片大海，姜导说："现在大家看到的就是太平洋。"

啊！真美啊，真美，太平洋的水！

这广袤(mào)的大海，让全车人一下子兴奋起来，不管是以前从未见过的，还是已经见过多次的，七嘴八舌，议论纷纷。

海岸，海水，天空，颜色层次分明。海岸的灰色，深深浅浅，分几个层次。海水的蓝色又分若干层：岸边浪花为白色，再远点，淡蓝，越远越蓝，越远越深，最远处为深蓝；深蓝连接着天空的蔚蓝，蔚蓝的天空飘着淡淡的白云。啊！真美啊，真美！太平洋的水！

车子由南向北，沿着海边，驶向知本。姜导自己掏钱买了一盒凤梨酥和一盒绿豆糕请大家品尝，味道不错。凤梨酥是台湾名饼，凤梨就是菠萝。

人烟稀少，中午近两点，车子才开到一个可以吃饭的路边小店，这里已经停着好几辆车，大家的肚子早就咕咕叫了，可饭菜却迟迟不上来。等了一会，上来一个菜，我们十人一桌，大家一人一筷子就光了，不见第二个菜上来，又等了一会，又上一个菜，第三个菜又上不来。更麻烦的是，一桌用一个小甑子端来一小半甑子米饭，一人一小半碗就没了。请服务员添点饭来，服务员回道，要等一会，等了许久还不来，有人过去到厨房看，回来说，饭没了，还正在煮呢。

也是，这么远才有这么一个小小的饭馆，而这小小的饭馆在短短的中午时间怎么能接待得了这几乎同时到达的一大车一大车的游客呢！我们等不及了，半饿着肚子走出了小店，陆陆续续又到了几个旅游大巴。

没关系，一路上有邓丽君优美的歌声陪伴。

(二十二)

碟片"邓小平，"说了邓小平的一生，出生四川，留学法国，百色起义，抗日战争，特别讲到解放战争的三大战役，辽沈战役主要是林彪，而平津，淮海以及过长江，解放大西南，主要是邓小平，文革三落三起，改革开放，看完后我们都觉得讲得还是比较客观的。

知本位于台东市西南郊 17 公里处，温泉、瀑布、森林、山水，组合成台东知本温泉风景区。这里有全台湾蕴藏最丰、质地最优的温泉，是世界级温泉胜地。

傍晚，车子停在大海边的白沙湾，我们到海边亲近海水，有不怕冷的脱掉鞋袜踏浪，我捡了几个漂亮的小鹅卵石。然后在路边一家茅草盖的饭店吃晚饭。

晚上我们住亚湾温泉饭店，可免费到旅馆自己的大池泡温泉澡，到游泳池游温泉泳，如果不泡澡，不游泳，在自己的房间里面洗澡，也是温泉水，我们就在自己的房间里面洗了个温泉澡。这里的温泉，水质属碱性，手感滑腻腻的，对皮肤病及各种创伤有疗效，被称之为"神水。"瑞芳说，那天晚上洗了头，以后几天都觉得头很舒服。

（二十三）

车子开进一家叫"大东山珠宝"的珊瑚珠宝店参观购物，五颜六色的珊瑚，漂亮极了。珊瑚是珊瑚虫的分泌物，形状如树枝，红的红得可爱，白的白得可爱。各种制品，珊瑚树，珊瑚花，珊瑚草，珊瑚鱼，珊瑚鹰，龙，宝塔，菩萨，罗汉，小人，小马，小牛，小狗，色泽艳丽，形态逼真。各种饰品，项链，小巧精致，色彩斑斓，讨人喜欢，价格不菲。有一串

红珊瑚珠项链，说是宋美龄九十大寿戴的，价值1880000。

清代以珊瑚珠为朝珠，表示官吏品位。

在这里，我们团的强大购买力再一次显现。有一个老头说："我本来打算什么都不买，家里人临走也再三叮嘱什么都不要买，可到了这里还是买了。给孙子买了，得给儿媳妇买吧，给儿媳妇买了，不给儿子买？自己的妹妹也该买点什么吧，给老伴也得买点什么意思意思……现在的老人要'孝子贤孙'啊！"

我发现，一个人买东西会受气氛的影响，如果本来犹豫不决，见别人买，就买了。

（二十四）

人往高处走，水往低处流，你见过水往高处流吗？台东有一处小景点就让你亲眼目睹一回水往高处流的奇观。

车子开到公路边，上一段四五十米长大约三十度的斜坡，在一块平地上停下来，我们下了车，姜导指着路那边略高一点的一个灌溉农田的小沟渠说，"你们过去看，那条沟里的水是向高处流的，看完了回来我再揭秘。"

我们都好奇地过去看，果然，小沟里的水，清清的，缓缓地向略高的那一边流去，明显的那头比这头高，虽然只是一点点。有人把一片小树叶扔到水里，又有人把一片花瓣扔进水里，那树叶，那花瓣漂在水上，慢慢地流向较高的那一头。大家不禁啧啧称奇，跟着树叶，花瓣慢慢走，七嘴八舌，议论着这奇观的原因，都觉得太不可思议。《三国演义》里，张飞在当阳桥前大吼一声桥梁断，大吼三声水倒流的故事，人皆知之。今天是真开眼界了。我认为，这应该是一种视觉差，我的理由是：自然规律是不能违背的，水在沟渠里，不采取任何措施，绝对不可能从低处往高处流，可惜没人支持我的观点，我谁也说服不了。

参观结束，回到车上，大家迫不及待地想知道答案。姜导说："是视觉差。"

这个景点虽然很小，但的确很"绝。"这么多人，论年龄，论学历，论智商，恐怕大多数都不算低吧，怎么就给麻住了呢！只能说明设计者高，真的高。

碟片"毛泽东"相对要简单得多，主要讲毛泽东如何专制，如何残暴，道德品质如何败坏，文革如何排除异己，如何罪大恶极，把世界上文人们用来骂人的所有词语差不多全用上了。大家都觉得没意思，反倒认为作者不客观，除了谩骂还是谩骂，庸俗！还没放完就纷纷要求，"算了，算了，不看了，不看了，放点别的吧。"

"这套碟片共十几张，在商店买不到，内部发行，如果你感兴趣，我们旅行社可以帮你买，一套1500元人民币，要买单碟也行，150元人民币一张，"姜导说。我以为太贵，不会有人买，大陆买一张碟片，正版也不过十几元，二三十元，盗版两三块，四五块钱就行。出乎我意料，居然还有人买了一套，说是拿回去翻录。

（二十五）

3月18日。

三仙台风景区，位于台东县成功镇东北方，是东部海岸的著名景点之一，有三仙台，砾石滩（砾(lì)石：鹅卵石），八拱桥。所谓三仙台，就是海边三块大石头，传说八仙中的吕洞宾、铁拐李、何仙姑曾登临此岛而得名。三仙台原本是离岸小岛，人不能到，后来修了八拱桥，游人可以从桥上走过去。

车停了，我们下车时，姜导说，"这里有当地人自己创作的歌曲，制成唱片在这里放，有兴趣的也可以买。另外，请大家不要捡鹅卵石。"一下车，我就听到优美的歌声，寻声而去，果然有人卖唱片，我想，这些当地人能创作出这么好听的歌，真不简单，真了不起！

人们朝海边走去，通向海边的路上全是小鹅卵石，厚厚的一层，走在上面喊喊嚓嚓地响，到了海边，整个海滩全是小鹅卵石。我这时才明白导游为什么叫我们在这里不要捡鹅卵石，因为鹅卵石是这里的一道独特景观啊，每天来这里参观的人这么多，如果不制止，一人那怕只捡一颗，恐怕要不了多久就会捡光的，子孙后代看什么呢？

　　这里的海浪声跟别处不一样，别处的海浪打在沙滩上，打在岩石上，打在较大的鹅卵石上，而这里，是打在小鹅卵石上，小鹅卵石被海浪冲上来，再退回去，相互摩擦，发出的是与别处的浪声不同的哗哗啦啦的浪声。这是瑞芳后来告诉我的，我没亲耳听见，我为此感到很遗憾。如果你到了台东三仙台，一定要到海边去听听那与众不同的浪声啊。

海浪沙滩到处都有，海浪琢石滩却很罕见！

　　每到一个景点，导游都要给你规定参观的时间，多少钟必须回来，有的回来早一些，有的回来晚一些，导游表扬我们说，我们团每次都很守时。我这次回来得早，听见回来得更早的几个女士同司机林先生闲聊，气氛和谐。女士们东问西问，问出林先生有两个老婆，两个家，女孩子们一听都很感兴趣，七嘴八舌问得更多，原来，林先生的两个老婆都在做生意，小日子过得挺不错的，说起他的两个老婆，林先生的口气是幸福的，还有点自豪。女士们把这个新闻告诉后回来的团友，"呃，你知道吗，林先生有两个老婆呃！"

（二十六）

　　北回归线纪念碑分东西两个，台东纪念碑位于花莲县瑞穗乡，台西纪念碑位于嘉义市，我们看到的是台东北回归线纪念碑。高高的白色纪念碑屹立在海边公路旁，北回归线在北纬 23.5 度，是太阳直射地球的北界，也是亚热带与热带的分界，穿过那里就意味着我们从热带地区进入了亚热带地区。

每年夏至,太阳会沿白色的塔身东升西落,所以塔上设计有一条细缝,以观察这一现象,而且夏至中午,阳光会正好射入缝中,此刻游客可体验太阳下无影子的奇观。北回归线纪念碑造型优美,又建在主公路旁,顺路,是游客必游之处,听说日本游客最爱到这里感受跨越两个不同季风气候的乐趣,北回归线以南为热带季风气候,以北为亚热带季风气候。

台湾的坟墓保持了中国最传统的形状,前面高,后面低,前面大,后面小的一个长形土堆,墓碑安放在前面,如果是土葬,遗体的脚在前面,头在后面。

有的人讲究把墓修得大而豪华,好像墓越大越豪华越能表示一个人的富有、高贵和对亡者的哀悼。有的还在墓的外围加修一圈围墙,叫"郭。"

墓碑多是长方形,碑上通常写:"显考×××大人之墓",

"显妣(bǐ)×××之墓",立碑人姓名等等。显考:显(=先)考,对去世的父亲的尊称,去世的母亲则尊称妣。 成语"如丧考妣,"考妣即为父母之意。

台湾较好地保留了中华民族的民族的、传统的东西。这样的墓、郭,在大陆,在其它地方现在恐怕已经难得看到了。

(二十七)

车停在公路边一个较大的水果摊附近，不远处有果园，但我们没有时间去果园参观，就看看路边的水果摊吧。

释迦----台湾独特的水果，产在台湾台东县，因为果形奇特，幼果外观很像"荔枝，"又自"番帮"引入，所以称为"番荔枝。"果实表面有很多突起的鳞目，外表酷似佛教中释迦牟尼的头型，因此，台湾人习惯称呼"释迦，"果粒大，风味佳，甜份足、营养价值高，深受消费者喜爱。

台湾名品水果---莲雾，屏东县特产，平均每颗约重100克，果皮色泽深红，果肉清脆透明，果汁丰富，含少量蛋白质、脂肪、碳水化合物及丰富的维生素、矿物质等营养成分，有特殊的芳香，清脆可口，那酸酸甜甜的口感更让人欲罢不能。台湾民间有"吃莲雾，清肺火"之说，人们把它视为消暑解渴的佳果，被赞誉为"台湾水果皇帝，"目前，高品质莲雾被称为"黑珍珠，"每公斤售价上百元（新台币），最好的台湾莲雾在上海超市售价高达90—100元/公斤。

莲雾属常绿乔木，成年树高3米，一般亩产5000公斤，如果栽培管理得好，一株树龄10多年的莲雾每年可采收三、四百公斤果实，一年收获4-6次。

莲雾不耐贮藏，一般室温下只能贮存一周。

木瓜，又叫万寿果，台湾木瓜以株矮果多而闻名。台商蔡林秀琴在厦门种植的新品种"红妃木瓜，"株高只有70厘米，结果65粒，成果率是本地品种的3倍。台湾木瓜果肉为橙红色，肉质甜美，汁多味爽，营养价值高，除含蛋白质、脂肪、糖类和丰富的矿物质、维生素外，更含有"木瓜酶，"对人体有促进消化和抗疲劳作用。

(二十八)

花莲，背倚中央山脉，面临一望无际的太平洋，在山和海之间，一块很大的平地，很平，城市建在这块平地上，这地形很像原丰都县城，自然景观秀丽，环境优美，气候温和，而且有几分宁静。我喜欢花莲，尤其是车行在滨海大道上，那感觉就是好。花莲市又称[大理石城]，市区主要道路的墙面、步道、安全岛，均以大理石碎片砌出美仑美奂的图案，所有的公共空间的艺术作品，更以大理石雕刻或大理石拼贴而成，充满浓厚的地方色彩。

美丽的海滨公园旁，设有脚踏车专用车道，全长共十五公里，让民众做健身运动，并提供单车（自行车，大陆有些地方也叫单车）出租。

我们团有一个老人，就是那个80多岁的老头的老伴，病了，拉肚子，还呕吐，张导拿出了她带的治拉肚子的黄连，几个团友也纷纷拿出了这样那样的药品给她吃，并先弯道专程把他们两个送到饭店休息，然后再前往我们参观的目的地---花莲太鲁阁。

（二十九）

听说，大陆旅游踩线团到了雄伟壮丽的花莲太鲁阁，惊呼"踩进天堂。"太鲁阁国家公园位于台湾中东部，横跨花莲、台中、南投三县，太鲁阁公园包括太鲁阁峡谷、立雾溪流域、中横公路沿线风景、和部分临海的苏花公路景观。太鲁阁公园的总面积为9.3万多公顷，在台湾的五个国家公园中，仅次于玉山，名列第二，峡谷和断崖是"太鲁阁国家公园"的特色景观，给我留下了很深的印象。

太鲁阁峡谷是世界上最大规模的大理石峡谷，峡谷靠近中横公路的入口处，是台湾东部山区最著名的风景胜地。由于地壳的隆起和百万年来立雾溪水的不断侵蚀，切开了大理石岩层，形成了今日垂直壁立的U型深谷，如刀切斧砍，撼人心弦，这种震撼，一陟带我们去看美国大峡谷时曾经有过。如果说台湾是美丽的宝岛，那么太鲁阁峡谷则是美上加美的奇景。在台湾人心目中，台湾顶级景点，并不是大陆街知巷闻的阿里山、日月潭，而是太鲁阁峡谷、玉山、阳明山、肯丁、野柳。太鲁阁国家公园多次被选为台湾旅游景点之首。

太鲁阁是台湾原住民语言，意思是"伟大的山脉，""太鲁阁"三个字不能拆分，所以在太鲁阁峡谷里，没有像南昌滕王阁那样的"阁。"

雄伟壮观，鬼虎神功。
堪称一绝，值得一看。

景点主要分布在长春祠、燕子口、九曲洞一带。靳珩(héng)公园，纪念在中横公路修筑工程中罹(lí)难的靳珩段长。这里有靳珩塑像，由蒋经国立碑，碑文提醒后人：看景不忘修路人。九曲洞，是中横公路最险峻的一段，约一公里多长，供游客步行参观，另修一条新公路供车辆通行，九曲洞是当年艰巨筑路工程的缩影。慈母桥，感念母恩，蒋介石、蒋经国高度推崇我国传统的孝道。天祥，是最后一个景点，也是峡谷里最热闹的地方，有宾馆、餐馆、游客服务中心。天祥本有太鲁阁族自己的名称，中横公路通车后，为纪念民族英雄文天祥而改名天祥，祥德寺是天祥的佛庙。长春祠是纪念在中横公路修筑工程中牺牲的退伍官兵。

1956-1960年的蒋介石时代，蒋经国主管国军退伍军人事务，组织国军退伍军人修筑东西横贯的中横公路，该路穿越台湾最大的中央山脉，穿越太鲁阁峡谷，把台西的花莲和台东的台中连接起来。太鲁阁峡谷自然环境恶劣，没有现代的筑路机械，蒋经国率领退伍官兵用铁锹、铁锤一斧一凿地打，打通这条 300 公里的道路，200 多名国军退伍官兵在修路工程中遇难。

蒋经国，台湾老百姓普遍对他评价不错，他平易近人，常常到街上吃小吃（尽管身患糖尿病），深入工厂农村同老百姓交谈，关心平民生活，他从家里到办公室上班，常不坐车而步行，他注重台湾经济建设，在他当政时期，台湾经济快速发展，人民生活大大改善，成为当时亚洲"四小龙"之一。从说话的口气可以看出，台湾人民怀念蒋经国。

汽车返回花莲，住花莲洄澜客栈。

花莲一边是海，一边是山，是一个非常漂亮的城市。

（三十）

3月19日凌晨，花莲洄澜客栈，我4点过就醒了，再也睡不着。我默默地念着我的小诗"阿里山的姑娘你在哪里？"，心里试哼着，寻找着它的旋律和节奏。哼着哼着，对，这一个好，我翻身起床，把它记录下来，再哼几遍，作了几处小小调整，曲谱好了，天亮了。

又是一个晴朗天，洄澜客栈（洄澜是漩涡的意思）前面的海岸路是一条滨海大道。大道的一边是房子，高高低低，错落有致，另一边是海滨公园，公园的外面是花莲港，海港里有很多大大小小的船。两道防浪堤保护着这些船只的安全，两个灯塔像两个卫兵一动不动站立在防浪堤上，一红一绿，再往远看，是一望无涯的太平洋，海天相连，一轮红日冉冉升起，天上，海上，晨雾，红霞，这景色让人心旷神怡。

我和瑞芳在滨海大道边，靠着栏杆，面对大海，试唱我刚谱的歌"阿里山的姑娘你在哪里？"，唱了几遍，瑞芳说："不错。"上车后，大家要我唱给他们听。我接过话筒，先把词念一遍，再把歌唱一遍，听了大家都说："好，"并要求把歌单复印，每人发一张，教大家唱会。张导问我可不可以，我说行。

阿里山的姑娘你在哪里？

1=E 2/4
♩=86

词曲：汪同贵

(6· 3 | 67 1 | 176 52 | 3·66 | 36 23 | 211 75 | 6- | 6 0)

‖: 66 661 | 776 53 | 216 112 | 3 3· | 66 67 | 17 66 | 522 54 |

美如 水的　姊妹　啊　壮如 牛的　兄弟，阿里 山的　姑 娘啊 你在 哪
六十 年的　企盼　啊　六十 年的　相思，阿里 山的　姑 娘啊 你在我 心

3·66 | 36 23 | 266 12 | 3- | 3 0 66 67 | 17 66 | 522 54 | 3·66 |

里？我　千里 迢迢　来把你 寻　觅。　　阿里 山的　姑 娘啊 你在 哪 里？我
里。我们　今日 相见　永不再 分　离。　　阿里 山的　姑 娘啊 你在我 心 里。我们

36 23 | 211 7 | 6- | 6 066 :‖ 36 23 | 766 56 | 6- | 6 0 ‖

千里 迢迢　来把你 寻　觅。　　　　今日 相见　永不再 分　离。
今日 相见　永不再 分　离。　我们　今日 相见　永不再 分　离。

2009-3-19 于花莲洄澜

生病的老人病好了，又精神起来。

（三十一）

汽车开到大理石工厂。花莲是台湾大理石主要产地，大理石出口为台湾经济创造不少外汇，大理石工厂以工艺品加工为主。

厂门外，摆放着一些大理石做的经常可以在银行，酒店，豪宅等大门口看到的动物雕像，如狮子，大象，麒麟。解说人指着其中一个问我们："这是什么？"一个女的嘴快，答道："貔貅（píxiū）。"我一看，龙头、独角、马身、麟脚、卷尾、突眼、长獠牙，形状又像狮子，我还真不认识，真不知道。解说人说："对，这是貔貅，相传貔貅是一种凶猛瑞兽，雄名'貔，'雌名'貅，'貔貅凶猛威武，能阻止妖魔鬼怪、瘟疫疾病、镇宅辟邪，它有嘴巴，没屁眼，能吞万物而从不排泄，只进不出，寓意招财聚宝。民间有'一摸貔貅消灾除病，再摸貔貅财运滚滚，三摸貔貅平步青云'的说法，现在大家都来摸一摸。"于是大家都去摸了一摸。

还有用各种材料做成的很小的貔貅，人们买来作为饰物、吉祥物挂在脖子上。

厂内还有许多台湾珍贵矿石，如：猫眼石、台湾玉、蓝宝石、红宝石……等。

大理石，白色带有黑色花纹的石灰岩，剖面可以形成一幅天然的水墨山水画，常选取具有成型的花纹的大理石用来制作画屏或镶嵌画，彭娣家（重庆南山）的电视墙，她爸就用的大理石天然水墨山水画，如大江波涛滚滚，栏杆是汉白玉（白色大理石）的，就显得华贵，上档次。

大理石主要用于加工成各种形材、板

材,作建筑物的墙面、地面、台、柱,还常用于纪念性建筑物,如碑、塔、雕像等的材料。大理石还可以雕刻成工艺美术品、文具、灯具、器皿等实用艺术品。

在这里,我们团也买得很多很多,有一位女士两只手除了大拇指,其它手指一个戴一只戒指,乐呵呵地给大家解释:这一只给谁的,这一只给谁的,都是礼品啊。还有几个年轻点的更厉害,其中一个光"猫眼"(戒指)就买了十几只(一只几千元),说是送给他手下的中层干部的。一路买下来,把商家买乐了,把导游买笑了。开始,旅游购物点的商品还标着台币多少,人民币多少;后来,我看到标的全是人民币,干脆把台币给省略了。

(三十二)

苏花公路(苏澳镇—花莲市),是台湾省的省辖公路, 全长118公里,依海岸线修筑,沿路可看太平洋海景与峭壁山色,是一条世界著名的景观公路。

苏花公路沿线最著名的景点是清水断崖,约十几公里,断崖峰顶之清水山,海拔2407公尺,清水断崖是世界级的美景,被台湾省政府列为"台湾八景"之一, 现在已被划入太鲁阁国家公园。

从花莲北上,崇德隧道便是清水断崖的入口。这里是欣赏断崖美景的极佳地点。公路沿途悬崖陡峭,居高临海的美景,蜿蜒曲折,令人叹为观止,清水断崖高数百公尺,其崖壁以几近垂直,刀削入海,底下惊涛骇浪。车行于山壁断崖与无垠的东太平洋之间,景色令人难忘,多数海岸几乎是直接切入深海,悬崖峭壁下的大海因为很深所以很蓝。从低处眺望苏花公路,如一条细带绕于峭壁山腰,白浪拍岸,断崖矗立,造物之鬼斧神工,公路之险峻绝危,令人叹为观止。民国五十年(1961年)台湾银行发行的新台币壹圆纸钞,就以清水断崖为钞票图案。

公路时而紧临断崖,时而穿进幽暗的隧道,公路狭窄,又紧临悬崖,只能单线通车,又常因落石而造成交通中断,汽车行驶于高耸的断崖边,稍不小心,就会掉下悬崖,坠入大海。

　　台湾的火车萎缩,我们看到一列火车只有四五节车厢,而且里面坐的人还稀稀拉拉的。我们在东澳火车站停下来休息片刻,上上厕所,看见里面的小小候车室摆着二十几把椅子,空无一人,连车站工作人员都不见一个。

　　在宜兰县苏澳镇的"豆腐岬(jiǎ)17"(饭店名)吃完午饭,司机林先生问我:

　　"那歌是你写的?"

　　"是的。"

　　"写得好哇!"

　　"多谢夸奖。"

　　汽车继续向北,经宜兰,过汐止,不久就到了台北县。

　　阿里山的姑娘你在哪里?(下)

　　　　　(三十三)

　　宝岛台湾的璀璨明珠,野柳地质公园,位于台北县万里乡。万里乡为突出于台湾北海岸的狭长海岬,经千百万年的侵蚀、风化,逐渐形成奇特的蕈状石(蕈(xùn):蘑菇)、烛台石、姜石、壶穴、棋盘石、海蚀洞等地质奇观,让全长 1700 米的海

岬,成为台湾最负盛名的地质公园,是台湾独有的地质风貌,我要强调一遍"台湾独有"这四个字。

　　走进公园大门不久,让人震撼的奇特的景观蕈状石就呈现在游客面前,走在一个个蘑菇石之间,犹如置身于奇幻石林,人

们不禁要赞叹大自然的鬼斧神工。蕈状石是野柳最具代表性的地形景观，整个公园内有 180 余个，尤其是"女王头，"颈项修长、脸部线条优美，发髻高高挽起，雍容尊贵的神态极像昂首静坐的尊贵女王。在野柳风景区，女王头是地质公园的象征，女王头是台湾旅游业的名片，女王头是国际级景观，很多人排着长队等候同女王头合影。

女王头修长的颈子因为长期的风化侵蚀，已经变得十分细弱，根据地质学家考据，女王头的"年龄"应不到 4000 岁，但依照目前颈部的风化速度推断，大概还可以坚持 10 到 20 年，一旦遇上大地震、大强风，女王头很可能就会断落，结束她的一生。为了这一个个"活生生的生命体"免受破坏，让子孙后代也能欣赏到这大自然的恩赐，野柳地质公园每天将游客人数控制在 5000 人左右，游客高峰时期则采取分流路线的方式，并开始研究更为科学的保护措施。

围绕着台湾岛转了一圈，又回到了台北，第一件事就是到维格饼屋买糕点带回家当礼品。姜导说，"门匾上'维格'二字为马英九 2008 年题字。"维格饼屋是台北一家普通饼屋，店面也不大，别处的饼屋冷冷清清，唯独这家生意兴隆，旅游团的车都开到这里来买，里面十分拥挤，这里的点心价格不菲，但游客还是一箱一箱地买，还有人几箱几箱地买，打包的，收钱的，忙得一塌糊涂。

最后一个晚上住台北福君海悦大饭店。福君海悦大饭店是我们这七天住的最好的一家饭店，在这七天的旅行中我们几乎没有看见一个外国人的面孔，在这里看见了。

3 月 20 日。早上吃早饭的时候，瑞芳同一对日本夫妇进行了一番笔头交谈，他们不懂汉语，我们不懂日语，好在他们认识一些汉字，还能写，于是掏出笔来，就在餐巾纸上交谈起来。瑞芳说她只会说"沙哟哦啦啦，"他们笑了。我用英语问他们，"Do you speak English?"他们摇头。瑞芳唱了几句日语歌"樱花，さくら"："沙-古-啦-，沙-古-啦-，呀哟衣啦嗦啦哇……"他们听了非常激动，笑得合不拢嘴。原来他们想去中国西安看兵马俑，但不知西安在什么地方，该怎么走，瑞芳给他们画了图，他们中的她把那张餐巾纸小心翼翼地叠起来，放进她的小小的手提包里，高高兴兴地同我们挥手：

"もう1度会います。"

"沙哟哦啦啦。"

（三十四）

今天是台湾8日游的最后一天，今天再游台北市。多谢天公作美，这八天来，几乎每天都是艳阳天。今天一大早，太阳就露出了笑脸。

台北市中山北路4段1号是五星级圆山大饭店。圆山大饭店是世界十大饭店之一，自一九五二年创立以来，成为台湾的地标，是达官显贵、政商名流宴客的高级场所，是举办国宴，国际会议，接待国宾元首的饭店。

宏伟的宫庭式建筑，巍峨高耸于圆山之腰，前临蜿蜒的基隆河，后倚秀丽的阳明山，座落在繁华热闹的士林区，七彩画梁与丹朱圆柱相互辉耀，雕龙琢凤，琉璃金瓦，金碧辉煌，绚烂绮丽。

（三十五）台北市政大楼，座落于台北市重要干道仁爱路尾端，与仁爱路另一端的总统府遥遥相望。市政大楼楼高12层，属开放式办公场所，有30余个市府各级机关，办公员工总数达6千人，附设有探索馆、亲子剧场等文教设施。

国父纪念馆在台北市信义区仁爱路4段，光复南路与逸仙路之间。

孙中山，名文，字逸仙(Sun Yat-Sen)，广东省香山县（今中山市）人，出生农民家庭，中国近代民主革命的伟大先行者，中国国民党缔造者之一，孙文流亡日本时曾化名中山樵，后人惯以中山先生相称，尊称为"中华民国国父。"

为纪念孙中山先生百年诞辰而兴建的纪念馆占地35000坪，为宫殿式建筑，巍峨雄伟，馆外有中山公园环绕，馆内四大展览室装饰精美，设计新颖，展示中华民国建国史及现代名家艺术品。此外，馆内的表演厅，经常举办高水准的音乐会。国父纪念馆成为市民户外活动、休闲以及欣赏艺术，文化演出的综合性场所。

在孙中山像前，两个站岗的士兵，英武威严，纹丝不动，像两尊雕塑。一小时换一次岗，换岗仪式十分庄严，士兵的每一步，每一个动作，都会发出响亮的咔嚓声，刚劲有力。参观的人很多，为了占个好位子，我就在那里等了三四十分钟，等着看这难得一见的换岗仪式，并录了像。

（三十六）

凯达格兰大道旧称介寿路，位於台北总统府与东门之间，400米长，有3个机关单位和2个公园，台北宾馆，位于凯达格兰大道1号，中华民国外交部，位于凯达格兰大道2号，二二八和平公园，位于凯达格兰大道3号。 介寿公园，位于凯达格兰大道对面，园内有国民政府主席林森的铜像、白色恐怖纪念碑。

凯达格兰是最初居住在台北地区的原住民名称；而"介寿"的名称是为了纪念先总统蒋介石的寿辰而命名的。陈水扁当台北市市长时，将介寿路改名为凯达格兰大道，旁边的广场改名为凯达格兰广场。

原住民凯达格兰族，现已几乎汉化绝迹。

汽车把我们开到免税店购物。免税店在民权东路一家商店的地下一层，店面大而堂皇，货品齐全，游客很多。里面的商品标价全是人民币，东西大都很贵，比如酒，一般都1000多元人民币一瓶（瑞芳和我都为国内的茅台不平，国内茅台，最贵也就五六百元吧），但买的人还是很多。在这个店买的东西，付了钱，填个单子（姓名，证件号，航班号，时间等信息），他们会打好包送到机场，你到了机场再取货。我们团的人买烟的特多，200多元人民币一条，比国内要便宜，中国海关规定，一人只允许带两条入关。但有几个还是超过了,有个买了六条的,知道我们没买烟,到江北机场时让我们两人帮他拿了四条出来。

趁大家购物的时候,姜导把歌单"阿里山的姑娘你在哪里?"复印了,我们团每人发一张。

（三十七）

风,有点大,带着几分寒意,我们来到最后一个景点---台北101。

台北101大楼,位于台北市信义区,总高度508公尺,地上101层、地下5层,超越了462公尺的芝加哥西尔斯大楼（后改称"威利斯"大楼）,为目前全世界最高的摩天大楼。

在这里,世界上所有的名牌精品都可以买到,商圈内有十多家大型

妈妈 是在国父纪念馆前面的广场上。身后是101。

百货公司,这里商品很贵,主要是卖旅游者的钱,台北本地人一般不会到这里来买东西。

建筑主体旁有六层"裙楼,"约60米高,为购物中心。位处89层的观景台,也成为岛内外游客的必到之处。89楼为室内观景台、91楼为室外观景台。2部直达观景台的电梯,是吉尼斯世界纪录中最快速的电梯,其上行最高速率可达每分钟1010米,相当于时速60公里,从5楼到89楼的室内观景台,只需37秒。登观景台在5楼买票,400元新台币一人,时间关系,我们没上去,听说上面除了观景,还有很多塑像,可以照相合影。我们信步一

转,就到了美食区,各种美食,真香,看着就有食欲,可惜已经吃得很饱,于是四处闲逛一会儿,饱饱眼福。

101大楼每晚都点灯,使得台北的夜景更美丽,灯光选择彩虹的7种颜色,每天固定一种颜色,从落日时间开始点灯至晚间10点。想要知道今天是星期几,抬头看看101就知道,周一到周日,依次是红、橙、黄、绿、蓝、靛((diàn)蓝色和紫色混合而成的一种颜色)、紫。在特殊的节日,会以节日为主题在外墙以灯光表现特殊的文字或图形。

如果你正在网上,请点击下面的网址看台北101夜景。

http://www.taipei-101.com.tw/

下午4:30,我们集合上车,再见!再见!台湾8日游圆满结束。

汽车离开101,向桃园机场驶去,路上,还没有忘记要我教大家唱几遍"阿里山的姑娘你在哪里?"。

(三十八)

晚上8:30,飞机从台北桃园机场起航,返回重庆。

在回来的飞机上,屏幕显示的飞行路线是:台北→香港→桂林→贵阳→重庆。说是直飞,我原以为是在重庆和台北之间飞一条直线呢。

三小时以后,飞机准时降落在江北机场。

不知什么原因,行李出来得有点晚,等着取行李的人把传送带围了几层。传送带终于转起来,一会,行李就开始出来了。就在这时,一条中等个子的狗就牵着一个个子高大的海关人员出现在传送带行李出来的地方，狗儿倏(shū)地跳到传送带上，行李出来一个闻一个。行李出来得很快，狗儿闻得也很快，跳来跳去地闻，一个也不漏掉，闻到有问题的箱包，就对着它"汪汪"叫几声，又去闻下一个，海关人员就把这个行李提下来放在自己身旁。不一会，就有三个行李被提了下来。

过去，我们只是在电视上看海关的警犬是怎么搜查毒品的；这次，可是亲自经历禁带物品是怎样被小狗闻出来的了。看来，以后出行，说不能带的，就不要带，一定不要存在侥幸心理。要是被罚了款，多的都去了。

我们的行李到了，取下行李，走出大厅，打了个的，50元，平安回家。

看墙上时钟：11：40。
2009年4月20日于北京

48. 与子电邮（2009.05.08）

听听我的新作的歌《南国初夏北国春》。2个附件。
爸

49. 与子电邮（2009.05.24）

彭娣，一陟，Sharon，一抒：你们好！
我听到一首非常好的歌《跪羊图》，现推荐给你们。两个附件：歌词（有视频网址）和歌。
爸

跪羊图

最近，由台湾知名音乐家李子恒创作的《跪羊图》，网上的反响很大。有的网友第一次听到就不由得流下眼泪。在手语版《跪羊图》中，表演者通过简单而清晰的舞蹈与演唱，表达出子女对父母的行孝与感恩。有的网友一家几代一起欣赏，感动到全家流泪。在许多传统文化讲座的现场，也都在传唱这首歌，有时全场几百人唏嘘落泪，感人至深。

古圣先贤孝为宗，万善之门孝为基。

礼敬尊亲如活佛，成就生命大意义。
父母恩德重如山，知恩报恩不忘本。
做人饮水要思源，才不愧对父母恩。
小羊跪哺，闭目吮母液，
感念母恩，受乳恭身体。
膝落地，姿态如敬礼，
小羊儿，天性有道理。
人间孝道及时莫迟疑，
一朝羽丰反哺莫遗弃。
父身病，是为子劳成疾，
母心忧，是忧儿未成器。
多少浮云游子梦，奔波前程远乡里，
父母倚窗扉，苦盼子女的消息。
多少风霜的累积，双亲容颜已渐老，
莫到忏悔时，未能报答父母恩。
为人子女，饮水要思源，
圆满生命，尽孝无愧意。
儿女心，无论在何地，
给双亲，一声感恩您。

莫到忏悔时，未能报答父母恩

新学期开学后，由于工作忙，再加上星期天自己懒散，不愿动弹，已有一个多月没进城看望爸爸妈妈了，昨天妈妈打来电话说:爸爸买了一条10多斤的大鱼，问我和妻星期天能否去吃鱼？我赶紧向妈妈道谢，一个劲的解释这么久没去看他们老人家的原因（当然不能说自己懒）。妈妈说没有怪我的意思，还说又给我上大学的儿子寄去了500元钱。我劝爸爸妈妈少操我儿子的心，多注意自己的健康，多运动，多吃蔬菜……妈妈则责怪我不关心上大学的儿子，每月限制孩子花钱等等，说得我一时无语。爸爸妈妈都是有40多年教龄的退休教师，为人和善慈爱，通情达理，退休后一直单独住在城里自己的房子里，每天看书、练字，生活规律，身体很健康。两位老人家一生节俭，从不枉花一分钱，但对他们的孙子却百依百顺，要什么都给，特别是儿子上大学后，怕我限制他花钱，总是三天两头往他们的孙子卡上打钱，我每次劝说都会挨一顿数落。我算真正体会到什么是隔代亲了！

今天，我和妻早早吃过早饭，在超市买了许多爸妈爱吃的食品、水果，还买了许多饺子馅，满怀歉疚地来到爸妈的住处。看见我们进家，妈妈高兴的不得了，她老人家在忙活着切鱼，饺子馅早已准备好，妈说就等我们来包饺子了。老人家把屋子收拾的特干净整洁。我往书房看了看，没有看见爸爸，赶紧问妈妈爸去哪里了？妈说爸出去买调料了，马上就会回来。我和妻赶紧让妈妈休息，妻和面包饺子，我切鱼、炖鱼，切菜、炒菜，忙得不亦乐乎！爸爸很快就回来了，大包小包的买来许多我平时爱吃的水果和蔬菜，进家就给我打起了下手，一边切葱花、姜末，一边问我学校工作的情况，我和老爸扯了一大通他感兴趣的话题……，这一天的分分秒秒始终被浓浓的亲情萦绕！我真愿时光凝滞，把这幸福变成永恒！

下午，我们依依不舍地离开了爸妈，两位老人家一直陪伴我们出了小区，让我们带回的东西比我们买的都多！我和妻一路上都在检讨自己没能对老人尽到孝心，发誓今后无论多忙，每周都要回家看望对我们情深似海的爸爸妈妈！

回到自己的家里，我打开电脑，找到了我起草的我校正在开展的《感恩系列教育方案》，看看下周按方案该进行那些活动。同时打开那首全校师生都在学唱的歌曲《跪羊图》。听着，听着，我陷入了沉思……

是啊，歌词唱的多好啊！"……多少浮云游子梦，奔波前程远乡里，父母倚窗扉，苦盼子女的消息。多少风霜的累积，双亲容颜已渐老，莫到忏悔时，未能报答父母恩。" 我一遍又一遍的听着歌曲，眼里噙着幸福的泪花！

50. 与子电邮（2009.10.09）

一陟，一抒，你们好！
我昨天晚上写了一篇短文"情侣服，"见附件。
爸

51. 情侣服（2009.10.09）

我们 2009 年 3 月在台湾旅游的时候，每天早上上车后，姜导照例都要重复一遍同样的话："请大家想一想，看一看有没有忘掉什么东西，行李呀，衣服呀，钱包呀，首饰呀，手机呀，相机呀，眼镜呀，金牙呀，别忘在旅馆里了。" 然后才让司机开车，一天的旅行就这样开始。

在知本早上上车时，姜导也重复了一遍上面的话，我们都听惯了，都不假思索地说："没有了。" 于是车开了。早上的知本还有几分寒意，车开出去大约十几分钟，我觉得应该加件衣服了。我习惯地一摸，"哎呀，糟了，我的衣服，忘在宾馆里了。"我没有叫出声。

我小声地告诉了瑞芳，瑞芳说："怎么办？"

我说："算了。不要说出去。不可能把车开回去找。"

"要不要给姜导说，让他给宾馆打个电话？"

"算了，这很麻烦。就算给宾馆打了电话，宾馆给我们找到了衣服，然后托人带给姜导，这需要时间，而我们再过两三天旅行就结束了，我们就回大陆了，他也来不及交给我们。"

"你一向谨慎，怎么会把衣服给忘了呢？" 我理解瑞芳的意思，这不是责怪，而是对这件有着特殊意义的衣服的惋惜，一种失落感。这种惋惜，这种失落感我也有。

本来，这件衣服是我每天放在身边加冷的，每天都在穿穿脱脱，今天早上收拾东西的时候，特地把它放在一边，和背包，相机并排放着，可是当我背好背包和相机的时候，听见瑞芳在门口说："这门怎么打不开呢？" "我来看看。" 说着就去给瑞芳开门，开了门后又把两个箱子拉出去，关上门就吃早饭去了。吃完早饭就上车。这一系列活动，都比较热，根本没有加衣服的需求，也就想不起衣服来。

回想起来，就是少了一步：离开旅店之前，千万要仔细地把整个房间查看一遍。千万！千万！

这是给自己的一个教训吧。如果能警示自己以后不把更重要的东西丢在旅馆里，应该说也值。

请看下边这两张照片。这是 2009 年 3 月 15 日游日月潭时照的，也是瑞芳给我的这件衣服照的最后一张照片。看着这张照片，我想起了有关这件衣服的点点滴滴……

一次，我们俩穿着这身衣服去逛重庆解放碑，在一家商店买东西时，一个年轻女售货员轻声的说了句什么，脸上带着神秘兮兮的笑。我没听清楚，离开了柜台后我问瑞芳："她刚才说什么？"

"她说我们穿的是情侣服。"

她不说我还没觉得,她这么一说还真是。你看我们俩穿的衣服,颜色,样式,质地都完全相同。还真是情侣服!年轻人穿情侣服是一种时髦,两个老头老太婆也穿情侣服,的确罕见,难怪那个女孩的那种表情了。

其实,我们也不是有意买的情侣服,确实是个偶然。2003年我们在湖北咸宁,冬天到了,我想买件衣服加冷,逛到量贩店看见这件衣服,我们觉得还可以,深红色,喜庆,也是瑞芳喜欢的颜色,样式也还看得起,运动衫,休闲;开衫,方便。作为外套,不能买从头上笼下来的那种,不方便,两边肩膀上的两条白色的斜杠子,和红色相配,也还协调,增加了这件衣服的动感美。翻出衣服上的标签来看,95%的棉,5%的涤纶,也还可以接受。试穿了一下,大小也合适,用手摸,手感还挺好。价格 99 元,也不是很贵,于是我们就买下了。

两三个月后,我们回到了重庆,天气渐渐暖和起来了。一天瑞芳和我在解放碑闲逛,在一家商店里偶然看见我这衣服这里也有卖的,而且价格便宜,只要 50 元。仔细看了看,的确跟我这件一模一样,什么都完全相同。我说:"怎么样,你也来一件?"瑞芳的确也喜欢,于是就给她买了一件。殊不知给她买了这件衣服以后,我才发现她非常喜欢,常常把它穿在身上,当然有我俩同时都穿着这身出去逛街的时候,但都纯属巧合,并非有意显摆。直到那个女孩点醒我们这是情侣服，于是我们有时有意显摆，再加之我们平常任何时候行走在大街上，不是她挽着我的臂，就是我牵着她的手（其实这是因为瑞芳她眼睛不好，她走路怕摔跤，我也怕她跌倒），这不能不引来一些羡慕的眼球，倒真给这和谐社会增添了一景，一道靓丽的风景。

　　瑞芳也很喜欢我穿上这件衣服。这次到台湾旅游，我们就选了它作为加冷用的衣服，随身带在身边。

　　现在，衣服掉在知本了，再也找不回来了，能不惋惜吗？能不失落吗？

　　不过，正由于衣服掉在知本了，我们记住了知本。我们记住了今后在离开旅店之前，千万要仔细地把整个房间查看一遍。千万！千万！

52. 与子电邮 （2010.02.06）

　　一陟，一抒，

　　江北嘴现在修成了中央公园，重庆大剧院。给你们发来三张照片。

　　爸

53. 与子电邮 （2010.02.07）

　　照片是大约 1 月前照的，当时正下小雨。那里有两个教堂，一个天主教堂，一个基督教堂，是原来就有的，你们看到的照片是重新修过的新的这一个。那里还有一个"皇帝墓"明玉珍墓，现在还正在修复中。明玉珍，有人说他只是个"山寨皇帝，"是历史书上没有的，是他当时自称的。历史上重庆有两个人称过帝，建过都，一个是明玉珍，一个是巴曼子巴将军。在杨家坪那边还新修建了一个巴国城，修得很漂亮。

　　爸

54. 与子电邮 （2010.03.17）

　　我新作了一首歌《拉手》，三个附件，请欣赏。

　　爸

55. 忆川外生活点滴 （2010.03.23）

On Tuesday, May 4, 2010, 09:42:41 AM EDT, tonggui wang wrote:

这张照片是前几天妈妈给我照的。
文章是爸为川外 60 周年校庆写的，刊登在川外校庆特刊上。
爸 2010-05-04

1，新生接待站

我的母校---四川外语学院(现名：四川外国语大学)将迎来 60 华诞，我的思绪回到了 48 年前---1962 年。

那年 8 月末的一个下午，我和几个考上大学的中学同学一道，从丰都乘船到涪陵，在涪陵的候船室里坐了一夜，第二天凌晨 5 点，又登上了到重庆的轮船。火辣辣的太阳，把长江两岸变得满眼金黄，江景美不胜收。

大约下午三四点钟，轮船到达重庆朝天门码头，背着简单的行李，兴奋不已的我们顶着骄阳，汗淋淋的爬完朝天门那长长的石梯坎，就看见很多各个大学的迎接新同学的横幅，我们彼此告别，去寻找自己学校的新生接待处。

我很快就看见了川外的《四川外语学院欢迎新同学接待处》，几个高年级的大哥哥大姐姐热情地接待了我，一声"欢迎你，"一碗老荫茶，退去了我的暑热，温暖了我的心窝。

他们安排我上了去牛角沱的公共汽车，在牛角沱又有接待站把我送上去北碚的公汽，北碚的接待站又把我送上去学校的公汽。

来到川外，天已黑了，走进寝室，蔡永生等几个先到的同学就给我介绍起这样那样的情况来，余抗生唱起了俄语歌《三套车》，真好听啊。

就这样开始了我人生中最难忘的一段---我的大学生活。
那时，我快满 19 岁。

2，幽静的校园

62年的川外，在北碚北温泉三花石。

从北碚乘车沿渝合公路（重庆至合川）到三花石，公共汽车当年车费一角七，车子一过北温泉公园，就在陡峭的半山腰劈出的公路上行驶，左边是壁立青翠的高山，右边是数十丈高的悬崖，崖底是湍急的嘉陵江，这段险路不长，车子只需几分钟时间，走完这段险路，学校就在眼前。

渝合公路从川外中间穿过，把校园分为两个部分，左手边是学校的主体，右手边是学生宿舍，教师宿舍。宿舍的下面是嘉陵江，有小路通到江边，江对岸是陡峭的山，山上是铁山坪。嘉陵江的这一段在深谷中穿行，被誉为"小三峡。"

大校门在公路左侧，校牌上《四川外语学院》几个字，虽然不大，倒也醒目。校门口有传达室和邮局。校门对面隔着公路是商店和餐厅。登上校门口的大约二十几级石梯，便是一块约 70×100m 的水泥地操场，操场上并排着四个篮球场。正前方是三层楼的主教学楼，里面有俄语系的教室，听音室，阅览室等。主教学楼的后面靠山，厕所在山上。主教学楼的右边是学生宿舍，学生食堂。主教学楼的对面有女生宿舍和健身房，主教学楼的左边是一条宽阔石梯坎路，弯弯曲曲，通到山上。路左边是一幢五层楼的教学楼，是英语系，德法系的教室，图书馆，资料室等。再往左是一个能容纳一千多人的大礼堂。水泥地操场的左手边，比它低三四米，是一块大的运动场。后面山上是各种办公室，上大课的大教室，教师食堂，印刷厂等。再往上走绿树葱茏，那里是教师的家，是一小栋一小栋的平房。再往上走就是松林坡，参天大树遮天蔽日，那里有几栋苏联专家住过的小洋楼。再往上走便是中外驰名的缙云山主峰。

我们的校园不仅美丽，更是幽静，是一个求学的再好不过的地方。

刘忠才写了一首诗《我们的学院实在美》：

后面缙云山，前面嘉陵水，
我们的学院实在美。
耳听松涛歌一曲，

眼观车辆驶如飞。
川江号子震巴峡，
粗犷民歌引人醉。
绿树参天映朝霞，
黄花含笑闪金辉。
……
我为这首诗谱了曲，歌曲见附录。

3，友谊班

1962 年，我们学院规模很小，学生千余，三个系，英语系学生最多，四个年级，一个年级大约有一百多两百学生，俄语系其次，一个年级一百左右，德法系人较少，一个年级只有几十个学生。

我们 66 届，有五个班，一个班二十来个同学，共有九十几人。分别叫 60 班，61 班，62 班，63 班，64 班。我在二班，也就是 61 班。

我们都是在中学学了至少三年俄语，而且俄语成绩在原中学班上称得上佼佼者的。当年我的高考俄语成绩就九十几分，自以为还可以，殊不知后来才晓得我们班上得满分 100 的都有好几个。据说那年高考收生，破天荒主要看考生成绩，而不是家庭出身。所以我们年级的专业水平是相当不错的。

当时学校有一个很好的传统，就是低年级班和高年级班结为友谊班，每个同学都和友谊班的同学又结成"对子，"他们像大哥哥大姐姐一样，非常热情地帮助我们，学习上指导我们，生活上关心我们。友谊班要定期举行班会，两个班的同学围坐在一间教室里，用俄语交谈，讨论，朗诵，歌唱，跳舞，气氛十分和谐，热烈，给我留下了深刻的印象。通过友谊班的活动，我向他们学到了很多东西。

4，晨练

我是班上的安全员，我管着我们班教室的钥匙。早上，我第一个到教室开门；晚上，我关好门窗，关好灯，锁好门，最后一个离开教室。因而长期以来，我养成了早起的习惯。起床铃声一响，我便翻身起床，从不懒床，穿好衣服，上个厕所，就去开教室门，查看门窗桌椅等是否完好，在教学楼前面的水泥地操场上跑几圈，热热身，就到健身房去。早上的健身房，是师生都喜欢去的地方，人很多，我在那里练练双杠，单杠，做引体向上，举重，做垫上运动，比如俯卧撑，仰卧起坐等等，然后再出来集合，参加全年级的早操。年级的早操主要是沿着公路跑步，要跑出去约两公里远，再沿路跑回来。

我喜欢到健身房活动，喜欢跑步的好习惯，就是那个时候养成的，使我这一辈子有一个健康的体魄。我读书时，从不上医院，也不关心校医室在何方；工作后，到现在，都几乎没花什么公费医疗，对医保，迄今为止，我作出了很大的贡献。

早操后回到寝室洗漱，叠被子，然后就开始早读。早读是自由的，可以在教室里，也可以在教室外，室内室外到处是朗朗读书声。大家都大声地读，在这种氛围下，如果你不大声地朗读，反而成了另类。

5，周末舞会

听高年级同学说，五十年代川外还是"西南俄文专科学校"时，学校领导就组织了舞会，因为当时一些教师是俄罗斯人，他们喜欢跳舞，老师学生也喜欢，更重要的是政策也允许。

到了我们进校的62年，苏联专家撤走了，舞会仍然每个周末都要举行，地点在学生食堂，有乐队伴奏，参加的老师同学很多。

高年级的同学邀请并劝我们去参加舞会说："外语学院的学生，社交能力必须要强，学会交际舞对以后工作大有帮助。经常参加舞会，扩大了交际圈，同时锻炼了身体。学习了一个礼拜，放松一下，也是劳逸结合，一举多得啊！"

我们年级不少同学本来就喜欢唱歌跳舞，就积极参加了。也有一些同学思想有点封建，觉得男男女女抱在一起，扭来扭去，不雅观，不愿参加。也有一些同学并不反感，想参加又不好意思参加。我属于后者，但我喜欢乐队奏的音乐，有时在舞场外面听，有时也到舞场里面去听。现在想起来，当年还是该去学习学习，也不至于到现在还是个舞盲。

可惜没坚持多久，舞会就被说成是封资修，停办了。

6，露天电影

每逢周末，学校要放露天电影，这是当年川外师生的精神美餐。

太阳还没落坡，很多同学，还有老师和他们的家属，就把凳子椅子搬到操场上去占位子。

当年的电影部部好看，部部必看。很多电影至今记忆犹新。平原游击队，智取华山，董存瑞，冲破黎明前的黑暗，渡江侦察记，铁道游击队，英雄虎胆，烈火真金，五朵金花，古刹钟声，狼牙山五壮士，永不消逝的电波，南征北战，上甘岭，柳堡的故事，神秘的旅伴，林则徐，聂耳，党的女儿，铁窗烈火，铁道卫士，林海雪原，柯山红日，革命家庭，窦娥冤，刘三姐，江姐，冰山上的来客，暴风骤雨，洪湖赤卫队，勐垅沙，达吉和她的父亲，突破乌江，红珊瑚，甲午风云，地雷战，地道战，野火春风斗古城，花为媒，自有后来人，碧海丹心，小兵张嘎，朝阳沟，我们村里的年轻人，抓壮丁，农奴，早春二月，兵临城下，英雄儿女，白求恩大夫，小二黑结婚，雷锋，苦菜花，秘密图纸，东方红，三进山城，等等等等。每一部电影都让我们精神上得到享受，满足，振奋，鼓舞。有的电影看上两遍三遍都看不够。

很多电影插曲在师生中广为传唱。如《花儿为什么这样红》、《怀念战友》、《草原之夜》、《草原晨曲》、《洪湖水浪打浪》、《敖包相会》、《弹起我心爱的土琵琶》，《九九艳阳天》。《绣红旗》，《珊瑚颂》……

东方红呀，刘三姐呀，五朵金花呀，里面的歌更是人人爱唱，个个爱听。

7，晚自习后

下晚自习后，是我们一天最放松的时间。回到寝室，洗漱，洗衣，唱歌，聊天，下棋，拉二胡，京胡，小提琴，吹笛子，各种各样的歌曲从不同寝室的窗户传出来，优美动听。

我喜欢唱歌，聊天，下象棋。一副棋，两人下，多人看，看的比下的还来劲。

二胡独奏曲《二泉映月》、《江河水》、《汉宫秋月》等，我就是在那个时候听熟的，使我这一辈子都喜欢听民乐。

我还记得当时流行的《美丽的哈瓦那》：

"美丽的哈瓦那，那里有我的家，明媚的阳光照新屋，门前开红花，

爸爸爱我像宝贝，邻居夸我好娃娃，可是我从来没有见过亲爱的妈妈。"

那优美的曲调用小提琴拉出来，特别好听。

睡觉铃响了，寝室灯熄了，歌声，琴声，一切活动都停了，同学们都上床睡觉了，只有聊天还在继续……

8，广播站

当年川外的广播站办得有声有色，早上主要转播中央人民广播电台的新闻和音乐歌曲，中午主要的是报道我们学院师生的事情，宣传好人好事，题材广泛，内容丰富。全校师生一边吃午饭，一边听广播。大家都习惯地把听广播作为了解国内外大事，院内外新闻的主要渠道。

广播站的工作人员，编辑，播音员，通讯员，全都由各个系的同学担任。我们年级的同学就有好几个，黄礼全，马建华是播音员，向化龙，郑显银，袁一鸣和我是编辑。

每个系，每个年级，每个班都有通讯员，负责组织各班，各年级，各系的稿件。我除了做编辑，同时还担任我们班的通讯员。我的编辑能力，写作能力在这期间得到了很好的锻炼和提高。

宣传工作还值得一提的是，各个系，各个年级还要定期出黑板报。我们年级李宏芳办黑板报就办得非常出色。

9，课外活动丰富多彩，川外学子多才多艺。

下午两节课后，有的跑图书馆，有的到阅览室，但更多同学则是参加丰富多彩的课外活动，各种体育活动，各种课外活动小组，比如游泳队，跳水队。我校地处北温泉，得天独厚，我们的部分体育课都是在北泉游泳池上的。我生长在长江边，从小喜欢游泳，北泉的游泳池当然就是我热爱的地方。

班与班，年级与年级，系与系的篮球比赛，几乎每天都

有，还经常有一些校际的，学校和别的单位的较高水平的球赛。不管哪个级别的比赛，观看的师生都很多，场景十分热烈。

打篮球我水平不够，上不了场，班级比赛有时也凑凑人数，但我喜欢看球，只要有空，场场必到。平时作为锻炼，我也喜欢投篮。

每学期学院要开一次校运会。

全校师生登缙云山主峰---狮子峰，从学校出发，沿着规定的路线，跑到狮子峰顶，跑不动的，走也要走到山顶，还要给每个人计时。

我还参加了学校组织的全校会游泳的师生横渡嘉陵江。我们先到北碚，乘船到北碚对面的东阳镇，再从那边向北碚这一边游。那情景至今难忘。

我们的舞蹈队，合唱队，乐队，经常排练出各种各样的文娱节目，很受大家欢迎。

老师们排练了话剧《年青的一代》。女主角林岚，出身高干家庭，纯朴开朗、真诚善良，与在同一家庭成长的烈士遗孤林育生形成鲜明反差，形象地为青年人指出了人生道路，使我们很受教育。

我们年级的小合唱，俄罗斯歌曲《灯光》，《山楂树》，《纺织姑娘》，印度尼西亚民歌《哎哟，妈妈》等，都记忆犹新。

特别值得一提的是《库尔班大叔你上哪儿》，由年级主任张洪良扮演库尔班大叔，和我们年级的姑娘们一起，师生同台，表演得声情并茂，成为我们年级的传统节目。

我们的节目不光在学校演出，还到农村，街道，工厂去演，很受欢迎。

这些丰富多彩的课外活动培养造就了一大批多才多艺的川外学子。

游泳队的有：冯元成

校乐队：杨通顺（大提琴）

舞蹈队：何松，于红

校合唱队：王朝荣，汪同贵

全晓辉是全校最受欢迎的女歌手。

王绍康的书法，单子坚的京胡，于红的跳水都很有名气。

丁奕说她保存有一张当年文工队的照片，上面有：丁奕，尹文英、袁明珞、何锡玉、徐赞云、鄢光荣、张诗承、刘亚正、冯正福、黄若涛，陈世富、刘九麟、彭子瑞、于红，丁新云。

10，自编自演《嘉陵大合唱》

在各级领导的关怀和支持下，我们年级自编自演《嘉陵大合唱》，由刘忠才等同学作词，汪同贵，唐忠贤，郑美龄，赵友陵等同学作曲，并得到汉语教研室朱洪国老师的具体帮助和指导，全年级同学共同努力，积极参与，从开始创意，完成初稿，多次改稿，谱曲成歌，写朗诵词，刻印成册，反复排练，到最后给全校师生汇报演出，历时一年多。

《嘉陵大合唱》有七个曲目（见《忠才诗词选》）：
《序诗》
《嘉陵江颂》
《嘉陵烽火》
《嘉陵纤夫曲》
《嘉陵人民紧握枪》
《嘉陵儿女有志气》
《高举红旗永向前》

表演形式有独唱，合唱，舞蹈，朗诵，全年级同学人人上阵，各尽其能。汇报演出结束，得到全校师生一致好评。

直到现在，其他年级，其他系的老同学见到我，都还在赞扬："你们年级的《嘉陵大合唱》不错啊！"当年的老师和同学一提起俄语系 66 级，都常常会提到《嘉陵大合唱》。我们年级的同学聚在一起时，至今都还能唱上几句。

尽管当年我们年级的同学人手一册，但现在还是找不到当年的原稿了。多年以后还真有同学提供了保存半个多世纪的当年原稿。原稿影印件见我的歌曲集《半根生黄瓜》。

11，我是一个兵---民兵

五十年代末，六十年代初，我们国家经历了连续三年特大自然灾害的特大困境，62 年刚开始缓解。国外的帝修反对我们更是虎视眈眈，随时试图扼杀这个年仅十二三岁的极端贫穷的新中国，所以当时我们是"全民皆兵，"全国的老百姓，个个是民兵，每个单位如此，学校也不例外。

学院设民兵团，各系为民兵营，各年级为民兵连，曾光海是我们的连长。

　　当时民兵分三种：普通民兵，基干民兵，持枪民兵。普通民兵人人都是；基干民兵是从普通民兵中挑选出来的年轻力壮的，要进行简单的军事知识教育，要定期进行军训；持枪民兵又是从基干民兵中挑选出来的。我当时有幸成为一名持枪民兵。其实，持枪民兵也不是每人都有枪，只是训练时有机会摸到枪而已，好几个人才有一支枪。不过我们也学会了如何使用和保养枪，如何上子弹，如何瞄准，如何射击等等，什么枪口不准对人呀，瞄准要三点一线呀，击发要屏住呼吸，慢扣扳机呀，都是在那个时候学会的。当年我也能做到蒙着眼睛把枪栓等零件一个个卸下来，又一个个装上去。

　　平时我们多以连为单位军事训练。但有两次以营，团为单位的野外训练给我留下的记忆最为深刻。一次是一个下午，队伍拉出去在附近的山上转来转去，从这一匹山到那一匹山，直到太阳落坡才鸣锣收兵，把身体差一点的女兵们累得上气不接下气，而我们觉得很好玩的。另一次是一个晚上，演习抓特务，在缙云山的森林里钻来钻去，折腾了半夜，开始还真以为来了空投特务呢，后来才知道是个演习。

　　实弹射击也是我们终身难忘的。缙云山麓，川外的后面有一山沟，靶子设在沟对面，我们在沟这边射击，距离约百米。靶区周围都派了岗哨，不准外人进入。一人打三发子弹，打完报靶，我的成绩还是良好，弹无虚发，不但没有脱靶，而且最好的一枪打了个九环（离十环---中间的那个圆点只差那么一点点）。我第一次体会到枪一响，砰！那后坐力还有点厉害，只打了三枪，肩膀就有点疼痛。

　　赫鲁晓夫说，中国民兵是一坨肉，不堪一击，我们听了义愤填膺。

全篇完　　2010-3-23

附3-1　俄66届同学名单　【略】
附3-2　当年的领导和老师名单【略】
附3-3　歌曲《我们的学院实在美》

我们的学院实在美

词：刘忠才
曲：汪同贵

1=G 2/4
♩=80

(6·1 65 | 3235 | 6·1 65 | 3235 | 6 - | 6 -)

| 1 2 1 365 | 2· 3 | 665 3523 | 5 - | 3 3 6 | 5356 11 |

后面 缙云 山，   前面 嘉陵 水，   我们 的 学 院呀

| 3·5 2321 | 1 6· | (1·2 35 2375 | 6 -) | 1 1 3 | 25 6 |

实 在 美。   耳听 松 涛

| 37 6765 | 3· 5 | 335 12 | 3·6 532 | 3 - | 5 5 35 | 32 1 |

歌 一 曲， 眼看 车辆 驶 如 飞。 川江 号 子

| 661 43 | 2· 6 | 3·6 53 | 2321 6532 | 1 - |

震巴 峡，   粗犷 民歌 引 人 醉。

1964年

简介：汪同贵，四川外语学院俄语系66届（俄61班）重庆市字水中学高级教师，现已退休。

56. 相聚2010（2010.05.17）

一

对于川外人来说，2010年5月2日是一个不平常的日子。早在2006年，我们俄66届的同学在成都聚会时就约定，2010再聚川外，共庆母校60岁生日，于是大家翘首以盼。

这一天越来越近，同学们打电话，发短信，发email，奔走相告，相互邀约，前往川外共庆华诞。4月中旬，我们年级重庆的部分校友由丁奕，唐宗贤主持在花卉园两次召开筹备会，商讨有关问题，选出本次聚会的会计刘亚政，出纳雷乐惠，然后把任务分派到人，各人完成后又来汇总，忙乎了好多天，准备工作终于就绪。

5月2日前，外地同学怀着一颗火热的心，从四面八方乘坐汽车火车飞机来到重庆。全玉莉从香港回来了，冯正福从雅安回来了，马建华，林明显从广元回来了，侯永红从自贡回来了，赵犇从泸州回来了，郑显银从达洲回来了，王绍康从南充回来了，王朝荣，冯元诚，瞿远碧，刘忠才，向阳，冉从淮，卢秀英，张珩从成都回来了；重庆的同学丁奕，唐宗贤，蔡永生，邓伟民，杨炬，汪同贵，田云秀，刘丹，丁新云，陈国洁，单子坚，刘亚政，雷乐惠，王兴超，杨通顺也从各个区县回来了；张永镒，郑显银，贾锡本，陈士富等同学虽已退休，但仍然还在为社会继续贡献，发挥余热，张诗承还应尹大家之邀在川外成都学院上课教大一俄语呢，他们安排好手头的工作，都来了。一些同学还带上家属，一起来祝贺母校生日，看望昔日同窗。

二

5月2日晨，蓝天白云，太阳一大早就露出了笑脸，把金色的光辉洒满大地。来到川外，校门口正前方"庆60华诞"映入眼帘，右边的一块褐色石头上六个白色大字"四川外语学院"十分醒目，左边石壁上的巨幅"川外赋，"红底黄字，非常气派。车子刚进东区校门，左边是约三十人的军乐队，演奏着雄壮浑厚、优美动听的乐曲，右边的人行道上挤满了被乐曲吸引的听众。这天的川外格外靓丽，到处洋溢着喜庆的气氛。太阳广场---签到处井然有序地摆着各院系接待桌，这里早早地热闹起来，由在校学生担任的校庆志愿者，身着红、蓝、橙、绿色的志愿者T恤，组成了川外校园里一道流动的风景线，一张张青春漂亮的笑脸迎着明媚的阳光来来去去，接待校友和来宾，忙个不停。

俄语系报到处更是热闹非凡，同学们和当年教我们的杨绍林，陈茂庚，程贤光，周成堰，许筱林等老师聚在那里，问候，叙谈，握手，拥抱，照相，摄影，留电话，送名片……用兴奋激动这些词似乎都难以表达那令人难忘的场景。是呀，我们毕业都四十几年了，人生一辈子有几个四十几年？！有的同学这还是毕业后的第一次回母校，第一次见老师，第一次同学间相互见面呢！

杨绍林老师还能一一喊出我们的名字来

根据安排，上午是校庆祝会，下午是系庆祝会和学术报告会。由于人太多，我们年级的同学只有少数人进了大礼堂的主会场，大多数人被带进了分会场。分会场也座无虚席，济济一堂，看着大屏幕，听着从主会场传过来的

声音。市委书记薄熙来、市长黄奇帆发来贺信，外交部部长杨洁篪题辞"海纳百川，学贯中外。"市委常委、宣传部部长何事忠讲话，市领导陈存根、彭永辉、孙甚林出席庆祝大会，院长李克勇、北外党委书记杨学义、俄罗斯下诺夫哥罗德语言大学校长日加廖夫•鲍•安等分别发言，精彩处，掌声雷动。十几个同学用英、法、俄、西班牙、德、意大利、韩、日、阿拉伯、越南等10门外语同声祝福：母校"生日快乐，"成为校庆60周年现场最有川外特色的一幕。上午的校庆祝会在《四川外语学院校歌》歌声中落下帷幕。

川外的校址，1950年创建于歌乐山山洞林园，1952年迁到化龙桥红岩村，在那里只呆了几个月时间，就迁移到北碚北泉三花石，文革期间搬到北碚文星湾（西师校内），七十年代迁到沙坪坝烈士墓。2004年在与学校相邻的歌乐山麓新征土地750余亩，2005年新校区建设正式启动，现在已基本完成，学校的主体转移到了山上。我们坐着学校组织的专车上山，去学生食堂用餐，顺便车游川外新校园。川外新校园，一栋栋崭新的楼房像一颗颗靓丽的明珠，镶嵌在歌乐山的葱茏之中，Какая красивая картина！

步入西区锦绣楼食堂，宽敞明亮，丰盛的自助餐，美味可口。我们亲爱的级主任张洪良和我们一起共进午餐，我们频频举杯，恭祝母校繁荣昌盛，共祝老师们身体健康，相互祝福：保重！保重！健康快乐！长命百岁！
Многих лет жизни！

三

下午，东区学生食堂二楼人声鼎沸，500多个座椅座无虚席，俄语系各届校友欢聚一堂，庆贺俄语系成立六十周年。院党委书记马新发，党办、校办主任林克勤出席了庆典。系庆庆典在俄语系同学优雅的开场舞后开始，系主任李小桃教授致欢迎辞，她对海内外荣归母校的校友表示热烈欢迎，并介绍了俄语系所取得的成就。院党委书记马新发发表重要讲话，他说，四川外语学院俄语系是在周恩来、刘伯承、邓小平等老一辈革命家的关怀中一步一步成长壮大的，历经中国人民解放军西南军政大学俄文训练团（1950），中国人民解放军第二高级步兵学校俄文大队

（1951），西南人民革命大学俄文系（1952），西南俄文专科学校（1953），最后成为四川外语学院俄语系。历经60年风雨的俄语系，师资力量雄厚，教学科研成绩突出，正以饱满的激情，迎接新的发展未来。小妹妹、小弟弟们活泼生气的歌舞，热情洋溢的俄语献辞，受到热烈欢迎。退休老师代表程贤光在讲话中说，我们这些白发苍苍的老头、老太们不辞辛苦来到这里，就是因为有一个'情'字，这是对川外，对俄语系的一片真情！60年来，俄语系为国家培养了大批优秀外语人才，为祖国社会主义建设作出了巨大贡献。他列举了很多杰出的校友，有学部委员，研究员，外交官，部长，大使，司长，院长，书记，校长，教授，社长，局长，处长，台长，老总，著名电视电影发行人，等等等等，他说，我们还要赞扬众多的没当什么官，不是什么长的平平常

川外留影 2010-05-02

常的校友，他们在自己的岗位上兢兢业业，默默无闻地奉献自己的毕生，社会如果没有他们付出，就不会取得今天这样伟大的成就，母校同样也为他们感到自豪。他的精彩发言，赢得阵阵掌声。我们年级的王朝荣上台讲话，并代表我们年级因故不能前来参加庆典的赵树义敬赠了一套四本由俄罗斯科学出版社出版的华俄大辞典《БОЛЬШОЙ КИТАЙСКО-РУССКИЙ СЛОВАРЬ》以表达他对母校的一片深情。马建华，全晓晖上台讲话并表演节目，丁奕，唐宗贤也上台唱歌，跳舞。校友们

纷纷主动上台，一个下午的时间哪里够啊！真是太少太少了！台下，校友们一边看节目，一边相互问候祝福，叙谈交流，照相摄影，赠书赠物，学弟学妹们不时给大家送来瓶装矿泉水……天气热，会场气氛更热。

　　会后俄语系请校友们吃自助晚餐。晚上在大礼堂举行了《建校60周年文艺汇演》。部分同学登门看望年迈体弱不能前来参加庆典的老领导和老老师。

　　我们年级到校的同学人人都对母校表示了一点微薄的心意，一百、两百不论，上不封顶，由唐宗贤出面收集起来一并赠送给了俄语系。张永镒对我说，"给学校捐赠最多的一个捐了100万，代表校友发言的那个捐了50万。"

　　学校赠送我们每人一份礼品：一块手表，几份报纸，一碟光盘《兴学创业60年》和三本书《四川外语学院建校60周年纪念画册》，60周年校庆纪念文集《川外·川外人》和《四川外语学院校史》。

　　难忘优美的俄罗斯歌曲，难忘昔日的俄语系同窗，王朝荣把16首俄语歌制成光盘《莫斯科郊外的晚上》，郑显银把他的《岁月留痕》，刘忠才把他的《忠才诗词选》，瞿远碧把她画的《佳果》和《牡丹》拍成照片赠送给老师和同学。瞿远碧退休以后才开始学画，竟然画得这么好，若不是上面题有"庚寅 远碧"四字，我还以为是画家的佳作呢，佩服，佩服！我在这里要再次对你们几位说一声 Спасибо！Большое спасибо！

四

　　学校的庆祝圆满结束，年级的活动接着进行。

　　5月3日上午，外地同学乘坐我们包的旅游大巴，重庆同学从各自家里来到97年与重庆直辖市同时诞生的被称为重庆地标之一的人民广场。广场南侧是享誉海内外的人民大礼堂，金碧辉煌，气势恢宏。庄严肃穆的牌坊，花岗石的地面，富丽堂皇。广场北侧是三峡博物馆，广场与大礼堂、博物馆三位一体，相得益彰，是重庆市区内最大的文化综合观光景区。我们在这里照相留影，参观三峡博物馆。博物馆荟萃了各类文物17万件，有反映三峡历史文化的《壮丽三峡》、反映地方历史源流的《远古巴渝》、反映重庆城市变迁的《城市之路》和反映重庆抗战文化的《抗战岁月》四个展厅，以及反映三峡人文风光的360度环幕电影和《重庆大轰炸》半景画等特色展厅，是中外游客到访重庆的必游景观。同学们被一件件珍贵的展品和环幕电影所吸引，留连忘返。

　　我们的旅游大巴从人民广场经大溪沟，下滨江路，来到嘉陵江畔依山而建的极具重庆特色的洪崖洞。昔日重庆吊脚楼，捆绑房，今朝重庆新名片。我们在这里品尝小吃，权当午餐。饭后登上顶层异域风情城市阳台观景：近看，嘉陵江上一艘艘轮船，或停靠于岸边，或行驶于江中；远眺，高楼林立的江北，北滨路，黄花园大桥，重庆大剧院，重庆科技馆，跨江索道，两江交汇，朝天门大桥，弹子石片区尽收眼底，赏心悦目。

　　　大巴载着我们过嘉陵江黄花园大桥，车游江北嘴中央公园。自推进"森林重庆"、"宜居重庆"建设以来，主城区公园广场越来越多，中央公园则是主城区最大、最精致的一块"碧玉。"这里有重庆大剧院，科技馆，明玉珍墓，天主教堂和基督教堂，测候亭。这里将建成江北嘴中央商务区，和解放碑中央商务区，未来的弹子石中央商务区构成我市三大CBD，一个重庆新兴金融中心正在这里崛起。

　　一座座大桥横跨长江、嘉陵江，南北变通途。有人统计，现在重庆的大桥比全国的大桥的总和还多，成为名副其实的大桥之都。重庆的隧道也堪称全国之冠。

　　大巴再过黄花园大桥，穿石黄隧道，经石板坡长江大桥到南岸，南桥头昔日的隧道变成了宽阔的大道，游乐园仍在山上，雄伟的国际会展中心伫立道旁。

　　车下南滨路，沿长江边向东行驶，瞿远碧特别激动，这里曾是她的家啊！这一段的"导游"非她莫属了。"这里原来是水泥厂，我家就在那里，这里是海棠溪，这里是慈云寺，这个欧式建筑是法国水兵营。"

　　大巴上了弹子石，向洋人街驶去，去游览那山寨版的迪斯尼---神秘而美丽的童话王国。洋人街的建筑，歪起，倒起，斜起，土洋结合，古代和现代结合，绚丽多彩，充满着异国情调。山上有"长城，"世博会的"中国馆；"山下有游乐场，钓鱼场，跑马场；知青食堂（一天还有几场知青歌舞表演）；一辆破坦克；一只能容纳二三十人的红色大高跟鞋，可供游人站在里面照相；

一辆马拉车穿行街上，可供游人乘坐。这里没有交警巡警，代之以一队由十几个身着警服骑着高头大马的靓丽的姑娘组成的威武的骑警，就连擦皮鞋的座椅也是我在美国华盛顿看到的那种。总之，古代的，现代的，中国的，外国的，稀奇古怪，乱七八糟的东西；还有全世界最大的各式各样的厕所，占了整整一匹山，刘丹说："厕所的墙壁上画的尽是女人屁股。"

洋人街的标语一向是游人津津乐道的话题，一百多条新颖独特的标语是经典，是格言，是警句，成为洋人街一大景观："制度让想犯错的人犯不了错，文化让有机会犯错的人不愿意犯错，""妈妈说生活就是生出来活下去，""不要为明天忧虑，因为明天自有明天的忧虑，""女人正派是因为受到的诱惑不充分，""不想吃天鹅肉的蛤蟆不是好蛤蟆，""每个人都有狗屁不是的时候，""孤独是一个人的狂欢，狂欢是一群人的孤独，""列宁说：不会休息就不会工作，""一切伟大的行动和思想，都有一个微不足道的开始，""爷爷都是从孙子走过来的，""人不能低下高贵的头，但捡钱时例外"……

各种异国的、本土的小吃也吸引着众多游客。每逢佳节洋人街更是拥挤不堪，慕名前来的本地、外地游客多达几十万人，不愧是重庆旅游的一个新亮点。

五

4时许，上南山，住云山居。

南山是离重庆市区最近的面积最大的森林覆盖地，重庆人把它美誉为重庆的"肺，"把到南山游玩称为"洗肺。"

云山居是南山植物园前面大兴场方向约两公里处一家较大型的农家乐，绿树环绕，别墅似的建筑依山而建，高低错落，从大门拾级而上，进门的左手边是一个较大的卡拉OK

厅，有投影大屏幕，沙发，地上铺着地毯，进门的右手边还有一个小卡拉OK厅，往上走是一块很大的平台，这里可以散散步，晒晒太阳，聊聊天，照照相，麻将室有几个，有机麻，普麻，还有一个与卧室完全分离的可供打通宵而不影响他人的麻将室，房间明亮洁净。

丰盛的晚餐结束，同学们陆陆续续来到大卡拉OK厅，投影大屏幕的上方挂着横幅《川外俄语系66届同学联谊会》。音乐响起，唐宗贤宣布party开始，说："这次活动的宗旨是健康，快乐，友谊，希望大家把养生的宝贵经验献出来。"

俄罗斯歌曲《пшеница Золотая》（金色的小麦），王朝荣的嗓音还是那么嘹亮，加上那优美的旋律把我们的感觉一下子带回到了四十多年前的当年。那不明不暗的灯光像烛光晚会营造出一种温馨的气氛。由王绍康笛子伴奏，当年的川外金嗓子1号全晓晖演唱《人间第一情》，四十年后的今天，那歌声还是那么甜美：

> 有过多少不眠的夜晚
> 抬头就看见满天星辰
> 轻风吹拂着童年的梦
> 远处传来熟悉的歌声
> 歌声述说过去的故事
> 歌声句句都是爱的叮咛
> 床前小儿女，人间第一情
> 永远与你相伴的是那天下的父母心……

冉从淮的快板妙趣横生。又一首欢快的歌曲让女士们实在坐不住了，马建华，雷乐惠，瞿远碧，郑美龄，陈国洁等翩翩起舞。

同学们的表演欲望很快被这热烈的气氛调动起来。憨厚老实的在我的记忆中从来没有

跳过舞的林明显，也和马建华，雷乐惠跳起了《花儿与少年》，那可爱而不大协调的动作惹得同学们开怀大笑，叫好声一浪高过一浪，像赵本山那样的国家级笑星的精彩表演，恐怕也未必能达到如此令人开心的效果。如今的林明显真当刮目相看，不仅会跳舞，还会上网冲浪，QQ聊天呢！够新潮了吧！

俄67届的陈志仁和着一曲唐宗贤唱的《天路》跳起了独舞，那优美的舞姿简直可以和专业的年轻的舞蹈演员媲美！同学们报之以热烈的掌声。

蔡永生和邓伟民唱起了自己编的歌词配上《今夜无眠》的曲："今天相会，笑容满面……"一些人和着节奏击掌，一些人手捧歌单合唱，丁奕，雷乐惠跳起了交谊舞。

刘忠才即兴吟诗三首：……第二首是《卜算子》：站在南山顶，遥望朝天门，长江携手嘉陵江，兄弟特别亲。两水天合成，可载万吨轮，日夜奔腾向大海，脚步永不停。第三首为庆祝川外建校暨俄语系成立60周年而作，《花甲颂》，歌乐有情，翩翩起舞……

赵犇的四川民歌《冬苋菜》，刘亚政的俄语歌《Песня о Родине》(祖国进行曲)，王绍康的诗朗诵之后，向阳起了个头，马建华，卢秀英等原四班同学跟着上台一起合唱《草原之夜》：美丽的夜色多沉静，草原上只留下我的琴声，想给远方的姑娘写封信耶，可惜没有邮递员来传情……

郑显银唱起了三毛词，李泰祥曲的《橄榄树》：不要问我从哪里来，我的故乡在远方，为什么流浪，流浪远方，流浪，为了天空飞翔的小鸟，为了山间清流的小溪，为了宽阔的草原，流浪远方，流浪，还有，还有，为了梦中的橄榄树，橄榄树，不要问我从哪里来，我的故乡在远方……

丁奕演唱了俄语歌《КОМСОМОЛЬСКАЯ ПЕСНЯ》（共青团员之歌）。

由于时间关系，晚会在《难忘今宵》的歌声中告一段落。

六

5月4日，一些人打麻将，一些人唱歌，一些人聊天，一些人转公路，一些人去参观重庆南山的黄山抗战遗址博物馆。传说抗战时期，小日本的飞机来重庆狂轰猛炸，一朵祥云护住南山，老百姓死伤千万，蒋介石安然无恙。

我参加了聊天，我对刘忠才说：你的《忠才诗词选》，我和瑞芳都非常喜欢，我在《忆川外生活点滴》一文中就引用了你的《我们的学院实在美》。尤其是你1960年那首《卜算子·公共食堂》真是入木三分，说着便朗诵起来："雄鸡刚三唱，姑娘就起床。挥刀案板忙忙切，野菜几大筐。食堂是心脏，公社是桥梁。社会主义是天堂，勒紧裤带望。"一个"望"字，传神，而且还"勒紧裤带。"王朝荣在他的《难忘20岁生日》一文里也写道："班长刘忠才送的生日贺卡很是独特，背面的小诗至今还能背出几句：黄花正鲜，雄鹰展翅击蓝天，今回首，青春二十年。"

王绍康有心脏病，上午突然感到有点不舒服，雷乐惠和我到房间去看他，吃了点药，休息了一会，慢慢恢复了。下午，我送王绍康和郑显银去火车北站，途中为了混时间，我和王绍康闲聊，我说，"你书法那么好，随便舞几笔出来都是艺术，是从小就开始练的吧？""嗯，是从小就练。""你上次在成都讲的笑话'母亲哇（母青蛙）'至今还记忆犹新。"他笑了，"那是讽成都女娃儿的，成都女娃儿喜欢说'哇'。还有一个笑话讽重庆的女娃儿，重庆女娃儿喜欢说'咯'，有人在公共汽车上打了个屁，臭气熏天，一个人问，'是哪个打的屁？'重庆女娃儿性格耿直，坦承：'是我打的咯

（是我打的嚆）。'"

约3小时后，王绍康打电话回来说：他已经平安到家，洗了澡，躺在床上休息了，谢谢大家关心，谢谢汪同贵。

晚上，兴犹未尽的我们继续party。人人踊跃表演，人人有备而来，不少人怀里揣着歌单，有的还准备多份，现场发给大家，参与，互动，合唱，共鸣，掌声笑声不断，兴起处甚至手舞足蹈。

陈志仁再次独舞《卓玛拉》，那高水平的舞蹈让同学们饱享眼福。

几十年没用过俄语的冯元诚讲起来居然还是那么熟练，可见当年功底之深：

"Дорогие товарищи! Я хочу вам сказать: Большое спасибо……"

陈国洁，瞿远碧，丁奕，郑美龄，陈志仁来个女生小合唱，南斯拉夫民歌《深深的海洋》：

深深的海洋，你为何不平静？
不平静就像我爱人那一颗动摇的心。
年轻的海员，你真实地告诉我。
可知道我的爱人他如今在那里？
啊，别了，欢乐， 啊，别了，青春。
不忠实的少年抛弃我，叫我多么伤心。

悠扬婉转的歌声，把个失恋少女的悲伤表现得淋漓尽致，听了都叫人伤心！

接下来是一个欢快的节目，由冉从淮领唱，全体同学合唱，四川民歌《螃蟹歌》，实际上是劳动号子，不需什么曲调，只要和着拍子用四川话吼就行。

领：丰收那个年来嘛	合：螃蟹儿多呃
领：水塘里的螃蟹嘛	合：起坨坨呃
领：大的那个大来	合：小的那个小呃
领：爬的那个爬来	合：梭的那个梭呃
领：田坎打漏了呃	合：洪水满山冲呃
领：庄稼遭损失呃	合：你害人硬是凶呃
领：一个那个螃蟹嘛	合：不为多呃
领：两只大眼睛呃	合：一个硬壳壳呃
领：两只大爪爪呃	合：八个小脚脚呃
领：夹到你的脚也	合：甩都甩不脱也
领：你要横起爬也	合：我就顺起拖也
领：你要顺起爬也	合：我就横起拖也
领：你要钻洞洞呃	合：我拿棍棍掇呃

……

张永镒唱了一首俄罗斯歌曲《小路》。一条小路曲曲弯弯细又长……

张珩，郑美龄，陈国洁领唱，全体同学一起拍着手合唱《夕阳红》：最美不过夕阳红，温馨又从容，夕阳是晚开的花，夕阳是沉年的酒，夕阳是迟到的爱，夕阳是未了的情，多少情爱化作一片夕阳红。

当年院乐队大提琴手杨通顺可惜没带提琴来，于是讲了一个故事。

刘亚政和他的夫人唱《涛声依旧》，有分有合：带走一盏渔火，让他温暖我的双眼，留下一段真情，让它停泊在枫桥边，无助的我，已经疏远了那份情感，许多年以后才发觉，又回到你面前……

刘丹引吭高歌：……牛儿吃着青草，我把牧歌来唱，傍晚彩霞照红了西方，我扬鞭赶牛到山下的小溪旁，牛儿喝着清水，我把牧笛儿吹响。Вот вс ё。

唐宗贤唱起当年同学们都喜爱的俄罗斯民歌《ОГОНЕК》（灯光），大家都哼唱起来。

　　На позиции девушка провожала бойца, Тёмной ночью простилася на ступеньках крыльца. И пока за туманами видеть мог паренёк На окошке, на девичьем, все горел огонёк.

　　林明显再次登台跳《十送红军》，蔡永生再次登台用俄语唱《我的祖国》：一条大河波浪宽，风吹稻花香两岸，我家就在岸上住，听惯了艄公的号子，看惯了船上的白帆……然后再和邓伟民一起用英语合唱江苏民歌《茉莉花》：好一朵茉莉花，好一朵茉莉花，满园花草，香也香不过它，我有心采一朵戴，又怕看花的人儿将我骂。

　　还有《敖包相会》……

　　唐宗贤的妹妹也唱了一曲《今天是你的生日，我的中国》：今天是你的生日，我的中国。清晨我放飞一群白鸽，为你衔来一枚橄榄叶，鸽子在崇山峻岭飞过。我们祝福你的生日，我的中国。愿你永远没有忧患，永远宁静。我们祝福你的生日，我的中国，这是儿女们心中期望的歌……

　　唐宗贤和她的夫君任哥哥献上一首俄语歌《Катюша》（喀秋莎）：

　　Расцветали яблони и груши,
　　Поплыли туманы над рекой.
　　Выходила на берег Катюша,

На высокий берег, на крутой.

刘忠才再一次吟诗作赋。雷乐惠等同学再一次翩翩起舞。

草原的风，草原的雨，草原的羊群
草原的花，草原的水，草原的姑娘
啊卓玛，啊卓玛
草原上的姑娘卓玛拉，你有一个花的名字
美丽姑娘卓玛拉，你有一个花的笑容
美丽姑娘卓玛拉，你像一只自由的小鸟，歌唱在那草原上
你像春天飞舞的彩蝶，闪烁在那花丛中。
啊卓玛，草原上的格桑花
你把歌声献给雪山，养育你的雪山
你把美丽献给草原，养育你的草原……

优美的《卓玛》，全体女士的群舞，交谊舞，再一次把晚会推向高潮。

七

5号午饭时，雷乐惠、刘亚政把本次活动的收支账目给大家作了汇报，唐宗贤作了总结，她说："……再次对大家的到来表示感谢，本次安排有不尽人意的地方希望大家多多批评。"冉从淮说："重庆同学地主当得好，这次活动的吃，住，行，游都很不错，我们丧（衷）心感谢，希望再接再厉。"听到非重庆同学对重庆同学为这次聚会辛勤工作的肯定，重庆同学心里很高兴。大家约定2012年为纪念我们进校50周年成都再相会。王朝荣发布两条通告，一号通告是口头任命："任命马建华为下次活动筹委委员，委任状后补。"二号通告是："2012年将送给大家两件礼品，一是：一把扇子，扇子上书写俄66届同学进校50周年赋，写赋的任务就交给刘忠才和郑显银，赋写好后由王绍康来写，二是：一本小册子，把郑显银写的'草棚食堂的记忆'，汪同贵写的'忆川外生活点滴'等文章印出来送给大家。"听到这里，唐宗贤提议，干脆来个征文，希望大家都提起笔来，找回当年记忆。大家都七嘴八舌的叫好，补充说，还要征集当年的老照片。一段让我们难以释怀的真情实谊，不求常相聚，但愿常相忆。

包车送我们到上新街，我们相互祝福：保重，健康，长寿，快乐，多吃烧白！我们挥手告别：До свидания! Счастливого пути!

达到了健康，快乐，友谊的宗旨，本次活动画上了圆满的句号。

八

我顺道送马建华、陈志仁同学到火车北站乘动车组返蓉。车上，我当上了临时导游。"这儿是弹子石，""这是朝天门大桥，""那儿是朝天门，""那儿是重庆大剧院，""这儿是五里店"……

聊到聚会的感受时马建华说："和老同学在一起，管它啥子红的黄的黑的白的，想说就说，是彻底的放松。"

"是呀，这在其它任何场合都是不可能的。"

这位当年家住大渡口，土生土长的重庆妹儿这次回来看了重庆深有感触地说：

"重庆变化太大，简直认不出来了。"

"是呀，特别是直辖以来，那真是一天一个样，越变越漂亮。"的确，重庆的变化速度之快，就连GPS（卫星导航仪）有时都难免要迷失方向，把你引到被废弃的老路上。

我情不自禁放声歌唱：《我爱你，美丽的山城重庆！》（注：此歌我作于2004年6月）

滔滔两江水，云雾绕山间，繁华的街道人忙车奔，幽静的树林鸟歌蝉鸣。

依山高层楼，傍水锦绣园，漂亮的姑娘开朗热情，迷人的夜景谁不依恋。

年轻直辖市，面貌日日新，一座座大桥南北通途，一列列轻轨穿山越岭。

巨轮朝天门，浓郁三峡情，歌乐山英烈红岩精神，激励我成长永远向前。

【副歌】啊，我爱你，可爱的家乡重庆！啊，我爱你，美丽的山城重庆！

2010-05-17 08:27

附录：

川外赋

一方热土，万千学子，依歌乐而面嘉陵，傲巴渝以誉神州。绿树隐啼鸟，烟霞笼亭榭。桃红梅香，书声朗朗遏暮云；碧水蓝天，晨读声声迎朝晖。桃李不言，荟萃多少英才；山高水长，孕育万千栋梁。

殚精竭虑，风雨兼程；数代耕耘，沥血呕心。缙云有情，不忘三秋唯实路；北泉无语，相伴一腔求知心。三花石上说今古，文星湾前话衰兴。尤难忘，意踌躇，化龙桥边吟逝水，林园松间歌凌云。寒来暑往，博采知识菁华，花前月下，觉悟人生本真。

厚德笃信，包容竞合，开拓文化新视野；益智博学，国际导向，一展育才康庄路。放眼寰宇，笑对四海潮起潮落；极目前瞻，信步江天云卷云舒。

团结勤奋，同心铸就昨日伟业；严谨求实，携手再造明朝辉煌。天时具，地利佐，人和弼，云帆高挂破浪时。人道而今川外多风韵，定然来日我校更妖娆。

公元二零一零年五月
川外建校六十周年之际
朱墨书于重庆

注：朱墨，重庆书法家。
作者：佘德银，川外老师，校报《四川外语学院》编辑
三花石，地名，从北泉上去约一公里，当时川外所在的地方，我们的大学4年（1962-1966）是在那里度过的。

附录：

川外的校址变迁

1950年3月，中国人民解放军西南军政大学俄文训练团，歌乐山的山洞。校区仅一所停办的破旧中学以及一幢两层的杨森小公馆。

1952年6月，迁到化龙桥红岩村西南人民革命大学校内。西南军政大学俄文训练团改为西南人民革命大学俄文专修部，学校由部队转入地方。

1952年11月，迁到北碚北温泉三花石，俄文专修部改为俄文系。校区在山坡上，后边是缙云山，坡下是北温泉，是嘉陵江，校园里有松林坡，有很大一片高大的松树。

1959年5月，由西南俄文专科学校改建为四川外语学院。

1963年，学校规模越来越大，省高教局决定，借用北碚歇马场原农机校校址给川外，供英语系和德法语系使用。英语系和德法语系迁到北碚歇马场。

1966年年底，全部迁至北碚文星湾。

1970年11月，迁到沙坪坝烈士墓。

57. 与子电邮（2010.05.28）

我最近写的歌《川外赋》。
爸

58. 与子电邮（2010.10.31）

我谱的曲《锦瑟》。

59. 与子电邮（2010.12.01）

我打算把我的歌曲逐渐放到土豆网上，如果有空可以看看，现在放上去了四个：

《我爱你，美丽的希拉穆仁》；《人生易老天难老》；《一片春愁侍酒浇》（为宋·蒋捷的"一剪梅"谱曲）；《枯藤老树昏鸦》。如果喜欢，可以下载。只是我的声音太"沙琪玛"了。

《我爱你，美丽的希拉穆仁》这一首现在在百度上输入曲名也能搜索到。

《我爱你，美丽的希拉穆仁》这一首现在在Google可以搜索到MP3（无图像的）。

60. 庆 61 华诞，川外重庆校友再聚川外畅叙阔别情谊（2011.05.04）

2011年4月30日，川外61华诞前夕，春意盎然，百花齐放。

上午9时许，和煦的春风吹拂神州大地，久违的太阳露出灿烂笑脸，川外重庆各系、各年代的校友们喜气洋洋，陆陆续续来到东区教学大楼报到处。故地重游，老老师，老同学见面，一个个兴奋不已。教室里热气腾腾，心窝里丝丝情意。校友会秘书长丁奕讲话，校友们自发发言，情不自禁，热情洋溢。

大家合影留念，一张张激动的笑脸定格一瞬。虽然同在一个城市，要聚在一起也相当不易，感谢川外领导，感谢重庆校友会。

川外校史陈列馆，在讲解员的带领下重温校史。一声声解说，一张张图片，把校友们的心带回到了几十年前的当年。当年在川外聆听老师的教诲，跟同学一起聊天，散步，学习，劳动的情景浮现眼前。看着邓敬庄老师背着步枪泅渡嘉陵江的照片，就想起了川外民兵当时武装泅渡嘉陵江的情景。对高科技的电子书特感兴趣，在上面看见了自己的名字，更是兴奋不已。看完校史，对母校的变化，川外的成绩，无不感慨。是啊，正如《川外赋》里所说："人道而今川外多风韵；定然来日我校更妖娆。"

大巴车载着我们来到西区学生食堂和学生一起共进午餐。拿着餐盘，排着队去窗口领餐，我们体验了一回学生生活。饭香菜美，让人垂涎，品种繁多，清洁卫生，川外的学生食堂办得好，早有名声在外，真是名不虚传。

四楼第一活动中心，早已布置一新，舞台上灯光明亮，大厅里凉风习习。"四川外语学院重庆校友联谊会"格外醒目，麦克风，音箱，卡拉OK，投影仪，投影屏，一应俱全。联谊会由年富力强的小邓主持，校友们踊跃发言，回忆母校的当年，畅谈走过的人生，交流养生的经验，表达对母校的感恩。人生，坎坷，辉煌，平安，记载着我们的过去；北温泉，缙云山，歇马场，磨滩河，储存着我们的回忆；刻苦的学习，艰苦的劳动，平静的生活，动荡的文革，我们都已经历。听吧！"说实话，我对川外的感情是非常深的，我非常依恋川外，""只要是川外的活动，我每次都会来，""是川外给予我高等教育，是川外给了我四十二块五，让我吃了一辈子。没有川外，就没有我今天的成绩和幸福生活，""我为我是四川外语学院的学生感到骄傲，我为母校感到自豪，""母校的一草一木，一砖一瓦，都凝结着我们的深情厚谊，""川外的过去，现在和未来，对母校的牵挂，无时无刻不在我的脑海里，睡梦中，因为，川外是我生命中最重要的一部分"……这是川外校友发自内心的声音。忆往昔，峥嵘岁月稠；看今朝，成绩醉人心；望未来，前景更亮丽。

前来母校开会的川外国内部分地区校友会负责人，也来到重庆校友联谊会会场，达州地区校友会负责人郑显银发言，热情洋溢；成都校友会负责人王朝荣代表北京校友会，达州校友会，自贡校友会的负责同志，向重庆校友致以衷心问候和热烈祝贺并为我们传经送宝，介绍了成都校友会开展活动的宝贵经验。

接下来，校友们唱歌跳舞，大厅里不时爆发出阵阵掌声。

丰盛的晚宴。川外重庆校友会陈会长致辞。川外校友总会会长张洪良书记，马新发书记，李克勇院长，雷莹副书记，陈志彪副院长等院领导出席。马新发书记讲话，他说，首先他代表院领导对各位校友的到来表示热烈欢迎，介绍了学院的领导班子，学院的近况，学院的工作重点。校友们频频举杯，互祝校友健康长寿，共祝母校繁荣昌盛……

联谊会在热烈的气氛中圆满结束。

61. 与子电邮（2011.08.21）

一陟，一抒，

短文"节目"所写的，是我前天晚上的一个梦。醒来我都纳闷了，怎么平白无故的会做这样一个梦呢？但做这样的梦，我很高兴。你们两个小时候的那个样儿就在眼前，真的好可爱啊！一看时间快4点了，我觉得很有意思，就起来把它写了下来。

400 这个数字是梦中的，有点莫名其妙，根本就没有的事，你们当然回忆不起来。 爸 2011年8月21日

-------------------- 原始邮件 --------------------
发件人: Yishu Wang;
主题: Re: we are the same tall

爸，妈，哥，

我也记不清有赔那么多钱了。不过这验证了一个道理，花钱的记性没有掏腰包的好.
附件是我们新的项目的相关材料，你们有什么建议，请告诉我们。

一抒

--- On Fri, 8/19/11, Yizhi Wang wrote:

Subject: Re: we are the same tall
Date: Friday, August 19, 2011, 11:23 PM

Nice article, daddy! My first reaction, before I opened your attached article, was that "same tall" was wrong. Apparently you did a great job as a teacher!
After I read the article, I really need help in reconstructing my memory about the incident.
Yishu, do you remember which year this was? Which pool room was involved? What was broken? Did you or I break it? Was the amount right? I don't recall causing a trouble of such a magnitude at all! I still recall a few cases in which we cause daddy to indemnify others, but not of this magnitude though. Or maybe everyone is prone to selective memory…

Yizhi

From: tonggui <1183103610@qq.com>
Subject: we are the same tall

附件是爸写的短文 we are the same tall
2011年8月20日

62. 节目（2011.08.21）

节目

　　一陟刚开始学英语，我给他布置了一个任务：不光自己学，还要教弟弟。
　　一天，我从外面回家来，妈妈在做饭，一陟一抒在床上玩。看见我回来了，两个就下床，来到我跟前，站成一排。"爸，我们给你表演一个节目。"
　　一抒把脚掂起来，一陟略蹲了一下，同时把小手放在两人的头顶上晃动几下。齐声说："we are the same tall."
　　这精彩的表演使我高兴得一下子忘掉了一天的疲劳，伸出大拇指连声称赞，"very good! very good!"
　　两个孩子看见爸那么高兴，也非常高兴，十分得意。
　　我对他们说："不过，这句话里 tall 没用对，应该说 the same height。Height，h-e-i-g-h-t，height."
　　"为什么？"一陟不解。
　　"Tall 和 height 意思相同，用法不一样。简单地说，Tall 前面不能加 the same，height 前面就可以加 the same。"
　　"啊！知道了。"一陟领悟力极强。
　　来，跟爸再念一遍：
　　"I am tall. You are tall. He is tall. We are tall. You are tall. They are tall.
　　We are the same height. You are the same height. They are the same height."
　　"现在你们去给妈妈表演一遍，好不好？"
　　"好！"说着两个孩子就跑到妈妈跟前表演了一遍。

"给妈妈说说这句英语是什么意思。"

"我们两个一样高。"

表演完毕，一家人高高兴兴地吃着妈妈做的美味的晚餐，边吃边闲聊着。

吃完晚饭，一陟对我说，上午他们去打台球的时候，不小心打坏了店家的东西，要赔钱。

"多少？"我问。

"400。"

"那么多哇！"（那时我一个月的工资才几百元）

"嗯。"

看到孩子难为情的样子，我马上意识到我不该为 400 那么惊诧。

"好吧，今天晚上你们就去赔给别人，以后要小心些。"

两个孩子拿了钱高高兴兴地奔台球室去了。

这时，我似乎明白了两个孩子排练这个精彩节目的意义。

63. 游慢行步道---关注山城重庆新变化（2011.08.29）

重庆电视台有个栏目叫"五个重庆"，是我们喜欢看的栏目之一，是了解山城新变化的重要渠道。山城变化日新月异，哪里公园开园了，哪里大桥通车了，哪里公租房竣工了……然后必去那里实地"考察"一番，既关注了家乡变化，又完成了每天散步的任务。

"今天往哪儿走？"每天出去散步，都是临出门前，甚至出了门后才讨论的问题。

"电视上说修了个慢行步道，从珊瑚公园到大溪沟。要不今天去看看？"

"行。那我们就乘 419 到菜园坝。"

419 路公交车在我们家门口不远处就有站。车子还不算拥挤，跨黄花园大桥，穿石黄隧道，十几分钟就到了菜园坝。

下车后，天下起了小雨，珊瑚公园在菜袁路的靠江的那一边，菜袁路双向六车道，正是八九点钟高峰，六行车在路面上首尾相连，缓缓移动，停停走走。重庆横穿马路通常有三种方式：一，人行横道线，二，人行天桥，三，人行地道。

我们走地道穿过菜袁路。沿着长滨路往东走大约百米就到了珊瑚公园大门口。

雨越下越大。珊瑚公园建成二三十年了,我们多次路过,但还从来没有进去过。公园不大,也没有什么特别的景致,花草也不诱人,由于下雨,也没几个人,清静得近乎萧条。江边有一排平房,走近一看,原来这里是渝中区结婚登记的地方,除了登记处,还有照相处,体检处……但都无人。未必下雨天这些人连婚也不结了?未必是星期天不办公?

雨下得滴滴答答,尽管有伞,我们还是决定躲一躲再走。正好江边有一处躲雨的好地方,上面有屋顶遮雨,靠路和靠江的两边是空的,可以边躲雨、边观江景。那里本来已经有一对情侣,看见我们一去,可能是觉得不方便,他们就离开了。我拿出在超市买的干豆腐干来,一边吃耍,一边看江景。七月的长江,涨水的天,一片汪洋烟雨朦胧!下游的长江大桥和上游的菜园坝大桥矗立江上,两桥相距好近!一艘货轮游弋江心,十分壮观。往近处看,就在面前,江边居然还有一个钓鱼的,坐在小凳子上,地上插着一根杆,杆上撑着一把伞;背上一块塑料布,前面一根钓鱼竿,别有一番情趣。

雨渐渐小了。我们开始寻找慢行步道的起始点。接连问了好几个人,都说不晓得。难道电视上说的有误?弄得我都没有信心了,"我们刚才是从珊瑚公园西边的门进来的,现在从东边的门出去,实在找不到,就算了,回去到网上去查清楚了再来。这儿有个厕所,先上个厕所吧,有厕必上。"

"好。"

走到公园门口,我还是不甘心。"我再去问一下公园的门卫。"

"请问,珊瑚公园是不是有条步道,爬坡登山的,锻炼身体的?"

"就在这儿啊,过人行天桥,再往前走十几米。"

"多谢,多

谢!"

顺着他手指的方向，约十来米处，果然有一座人行天桥。我们喜出望外。

这时雨住了，空气清新，路面被雨水冲洗得格外干净。我们怀着愉悦的心情登上了天桥。桥下宽阔的长滨路，双向六车道，虽然已修好多年，但目前还不繁荣，车稀人少，没有公汽，现在连的士都少见。往西看，火车站方向，鹅岭公园，还有两江亭隐约可见，就像是搁在菜园坝大桥的桥面上。往东看，朝天门方向，公园门口的金沙洲花园酒店的招牌格外醒目，再往前，长江大桥似乎又矮又小，搁在楼房顶上。

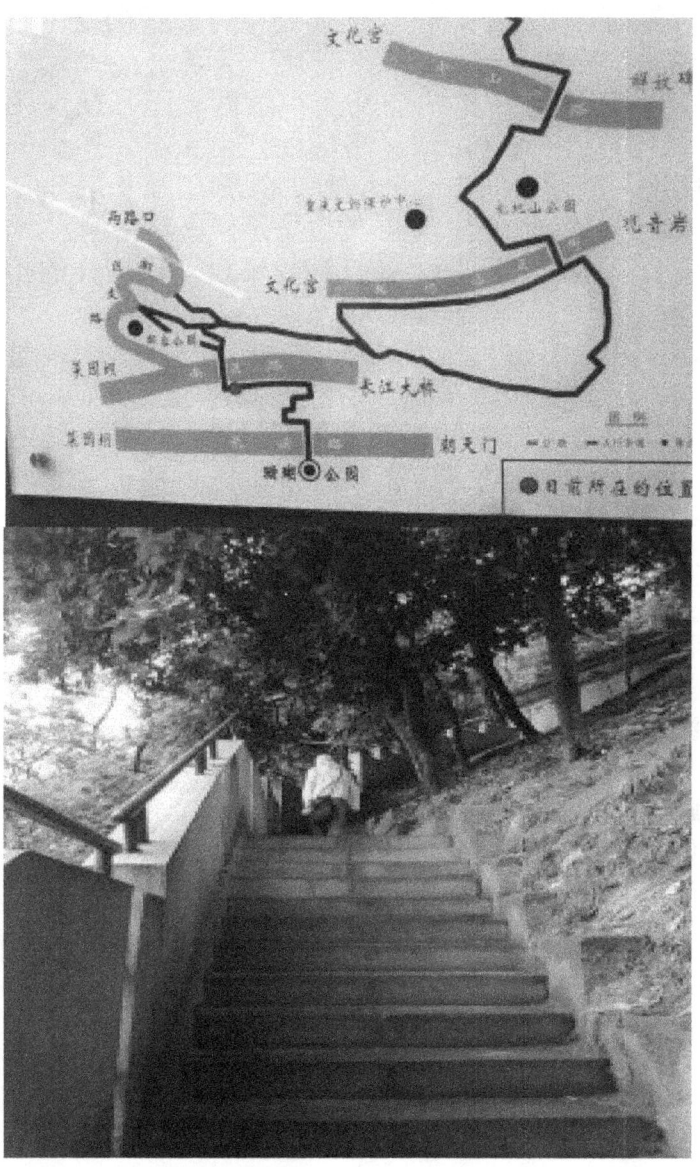

"来，我给你在桥上照张相，表示'老子到此一游。'"我没带相机，拿出手机来，照了这边，又照那边，照了以人为主的纪念照，又照无人的纯景照，反正现在是数码了，照相又不

要钱。

　　下了天桥，往菜园坝方向走十几米，就看见两栋楼房之间有一条约两米宽的上行梯坎路。应该就是它了。为了稳妥起见，我还是又问了旁边店里的一个人。

　　"对头，这里上去就是南区路。"

　　我们沿着梯坎往上爬，爬十几梯就有一个拐，左拐右拐，拐了三四下就到了大马路。左手边，约二三十米，有一座人行天桥。我们走到天桥跟前，见一块牌子，上面是慢行步道的地图。我们很高兴，仔仔细细研究了半天，又拍了照。原来，这是渝中区慢行系统示范段：大溪沟轻轨站至长滨路珊瑚公园。从地图看，要越过六条大马路：长滨路，南区路，枇杷山正街，中山一路，人和街，人民路，翻过一匹山：枇杷山。全长约 3.9 公里。全路段设立 24 块地图指路牌。我们现在的位置是南区路南侧。

　　长滨路珊瑚公园是起点啊，为什么那里不设一块这样的指路牌呢？

　　过了天桥，又开始爬梯坎，梯坎依山而建，根据地形，时窄时宽，时左时右，时陡时缓，在临崖的一边修建了大半人高的矮墙作为护栏。有的岩壁上新增了些人文景观，比如，有一幅名为《重庆记忆---1973 年重庆全景》的旧照片壁画，我们看了一阵，唤起了我们一些往事回忆。半山新修了一个漂亮的厕所，你别以为这是小事，等你急了，憋不住了，你才晓得它是你的救星。可见建设者们想得多么周到。

　　来到一空旷处，回头往下一看，珊瑚公园尽在眼底：山脚下，长江边，紧邻闹市，一片翠绿！一片翠绿，镶嵌在大江，大桥，高楼之中，我突然觉得她那么美！那么艳！那么协调！那么可爱！

　　沿途绿树成荫，风景宜人，行走于步道，让人心旷神怡，我们走走停停，倒也不累。我们本想继续往上登，直到山顶枇杷山公园，不料前面一块牌子挡住去路，说前面道路正在维修，暂不通行。我们只好折回来，就近于南区支路离开步道，再上行约百米，便是两路口。

　　这步道是本来就有的很多段不连贯小路，现在把断点连接，并对旧的路进行必要的翻修、整理、加固而成。到处都是出入口，在出入口处设有路牌地图，在步道沿途你随时随地可以进入，随时随地可以退出，回到大马路去赶公共汽车，十分方便。

慢行步道从长滨路到嘉宾路，把两江风光串联起来，适合慢慢行走，边走边欣赏。步道沿途有些地方还设有健身器材，休闲坐椅，可供市民健身休闲。有的路段青石板铺路，古色古香，还可看吊脚楼，领略重庆老街。有些地方还安装了特色路灯和壁灯。

这时天又下起小雨。瑞芳说她饿了，我陪她进了一家路边小店。三四点钟不是吃饭的时间，小店里也没有什么客人。见我们进来，店老板热情招呼："二位请坐，吃点什么？"

"我们先看看。"店虽小，墙上价目表内容却挺丰富，面呀，粉呀，饭呀，各种家常炒菜一应俱全。

"来二两砂锅米线，牛肉的。"

店老板取一个砂锅，掺些水，放到天然气灶上，不一会水就开了，抓了一把米线放进去，用筷子搅几下，等到再一开，又抓了几根藤藤菜放进去，再搅几下，等到再一开，就把事先炖好放在一个罐子里面的牛肉舀一小瓢出来加进去，把砂锅放在一个盘子上面托起，端出来放在瑞芳面前，热气腾腾。瑞芳左手拿起汤匙，右手拿起筷子，把米线和了和，用汤匙舀了点汤放到嘴边尝了尝，觉得味道太咸，放下筷子，提起醋瓶，把醋先倒在汤匙里，再从汤匙倒到砂锅里，把米线又和了和，慢慢地吃着。

雨越下越大。

一个孕妇走进店来，先要了一份炒饭，吃了几口，又要了一份刀削面，吃了几口，两份都剩在桌上，交了钱，走了。我想，她怎么要了又不吃，多浪费呀。

雨小了。瑞芳也没吃完，剩了一半。她说不吃了。我们交了钱，离开了小店。

出了店门，我问瑞芳："这家店味道如何？"

"不行。比那天大渡口大堰村那家差远了。"这时我理解那孕妇为什么那么浪费了。真是皇帝的女儿不愁嫁，闹市的小店不愁客。不图回头客，管他啥味道！

　　我想起了曾在一家食店门口看到的标语：宁愿一人吃千次，不愿千人吃一次。你看人家那理念，才是正经做生意的呢。

http://blog.sina.com.cn/s/blog_71c9a9370100ugo9.html 新浪博客

64. 勿忘一九四一 参观重庆大轰炸遗址有感(2011.09.01)

　　　　　　　豺狼闯进了家园，
　　　　　　　生活怎么能安宁？
　　　　　　　天空飞来了魔鹰，
　　　　　　　谁还能享受蓝天白云？

　　　　　　　每次路过重庆大轰炸遗址，
　　　　　　　"勿忘6·5 1941年"
　　　　　　　几个大字，几组雕像，
　　　　　　　就会跃入我的眼帘。

　　　　　　　躲进防空洞本为逃命，
　　　　　　　谁知却遇上更惨的厄运。
　　　　　　　几小时狂轰 洞口炸塌，
　　　　　　　两千多同胞 窒息丧生。

　　　　　　　怎能不牢记这惨痛的历史？
　　　　　　　怎能不控诉法西斯的罪行？
　　　　　　　如果谁要重蹈覆辙，
　　　　　　　我们决不答应！

　　附重庆大轰炸遗址碑文：一九三八年至一九四三年，侵华日军对"陪都"重庆进行了五年的野蛮空袭，造成空前浩劫。一九四一年六月五日晚，在日机持续五小时多"疲劳"轰炸中，十八梯、演武厅和石灰市防空隧道发生了避难者窒息践踏伤亡惨案，遇难者约 2500 人。此为"六·五大隧道惨案"演武厅出入口遗址。

　　　　重庆市人民防空办公室立
　　　　一九九九年十二月

65. 与子电邮（2011.10.10）

　　一陟，一抒
　　我把优优，秀秀和蓉蓉的照片制作了一个电子相册，配上我的歌《蝴蝶蝴蝶我爱你》，希望你们喜欢。下面是地址：
　　　　http://www.tudou.com/my/tui/act/
　　　　密码：yy xx rr
　　　　爸

66. 与子电邮（2011.12.04）

From:　　Tonggui Wang
To:　　　Yizhi Wang
Sent:　　Sunday, December 4, 2011 8:39 PM
Subject:　附件是 Évidemment 的 MP3

我把这首歌做了一个 MTV，放在 youku.com，搜"tongwuiw."

Évidemment　当然　（法语）
演唱：Lara Fabian　Rick Allison
专辑：Lara Fabian Live 1998 Disc1

Y'a comme un gout amer en nous
你我之间似有苦味
Comme un gout de poussière dans tout
就像一切染上沙味
Et la colère qui nous suit partout
怒气与我们如影随形

Y'a des silences qui disent beaucoup

有时无声胜有声
Plus que tous les mots qu'on avoue
胜过所有我们坦承的话语
Et toutes ces questions qui ne tiennent pas debout
胜过所有毫无道理的问题

évidemment　显然
évidemment　显然
On danse encore　我们依然翩翩起舞
sur les accords qu'on aimait tant
伴随着我们曾经如此深爱的旋律
évidemment　显然
évidemment　显然
On rit encore　我们依然相视而笑
Pour des bêtises　为些傻事
Comme des enfants　犹如孩子
Mais pas comme avant　但却不复从前

Et ces batailles dont on se fout
这些我们已不在乎的争斗
C'est comme une fatigue, un dégout
令人厌倦
à quoi ca sert de courir partout
东奔西跑为那般

On garde cette blessure en nous
我们留着我们的伤口
Comme une éclaboussure de boue
如一团溅起的污泥
Qui ne change rien, qui change tout
它什么都没改变，又改变了一切

évidemment　显然
évidemment　显然
On danse encore　我们依然翩翩起舞

Sur les accords qu'on aimait tant
伴随着我们曾经如此深爱的旋律

évidemment   显然…

67. 江城子·西城杨柳弄春柔 白话译文&英文译文 (2012.01.18)

江城子	宋·秦观 白话译文 汪同贵
西城杨柳弄春柔，	西城的杨柳轻轻的逗弄着春天，
动离忧，泪难收。	这勾起我离别忧愁，止不住热泪盈眶。
犹记多情曾为系归舟。	还记得你深情地为我拴归来的小舟，
碧野朱桥当日事，	绿色的原野红色的小桥，我们当年离别的情形；
人不见，水空流。	如今你不见，只见水空流。
韶华不为少年留。	美好的青春不为少年停留。
恨悠悠，几时休？	悠悠离别恨，何时是个头？
飞絮落花时候一登楼。	柳絮飞舞，落花满地的时节我登上楼。
便作春江都是泪，	即便春江水都是泪水，
流不尽，许多愁。	也流不尽我心中的忧愁。

Jiangchengzi   Song • Qin Guan   Translated by Tonggui Wang

The willows of the West City are flirting spring gently,

which brought back my parting sorrow, I could not stop the tears.

I still remember that you tied my return boat lovingly,

the green fields, the red bridge and the parting scene that year,
And now, where are you? I can see only the river flowing.

Beautiful youth does not stay for the young people.
When is the end of the parting sorrow?
When catkins flew, flowers fell, I ascended the pavilion.
Even if the waters of the Spring River were all tears,
The flow of sadness would never end in my heart.

西城杨柳弄春柔 MTV 江城子 宋秦观 汪同贵曲 tongguiw 中英文字幕.mpg
见 http://v.youku.com/v_show/id_XMzQz0TY30Dcy.html

68. 与子电邮（2012.03.07）

一陟，彭娣，
下面是我为秀秀 4 岁生日写的歌，征求你们的意见，特别是英文部分。
爸

玛丽安

玛丽安　最漂亮
玛丽安　最聪明
玛丽安　最可爱
玛丽安的笑最灿烂

玛丽安　玛丽安　漂亮女孩玛丽安
玛丽安　玛丽安　我们大家都喜欢
玛丽安　玛丽安　聪明女孩玛丽安
玛丽安　玛丽安　我们大家都喜欢
玛丽安　耶！

　　　　　　Marianne is the prettiest.
　　　　　　Marianne is the cleverest.
　　　　　Marianne is the most lovable.
　　　Marianne's smile is the most brilliant.

　　Marianne, Marianne, pretty girl Marianne.
　Marianne, Marianne, you are loved by everyone.
　　Marianne, Marianne, clever girl Marianne.
　Marianne, Marianne, you are loved by everyone.
　　　　　　　Marianne, yeah!

69. 与子电邮（2012.05.06）

三花石回眸
---纪念川外俄语系六二级入学五十周年
刘忠才词 汪同贵曲
MP3:　　http://yc.5sing.com/1115375.html
视频：
http://v.youku.com/v_show/id_XMzkyMTEwMzYw.html
歌单：http://www.sooopu.com/MyUpload/html/?id=151339

70. 芝加哥三日游记（2012.05.31）

　　2012年3月底，一陟说5月中旬他要去芝加哥出差，19日星期六中午结束，然后陪我们在芝加哥耍两天。我们说："好。"于是就给我们预定了去芝加哥的来回票。5月19日，星期六中午去，5月21日，星期一晚上回，是个"芝加哥三日游。"

　　　　　　　　　　一

　　5月18日，一陟给我发来电邮[1]，叮嘱我乘飞机不要忘记带护

---

[1] Dear dad and mom,

How are you? I'm doing fine here at Chicago. I'd like to email you to tell you how we meet tomorrow. Please don't forget your passport for the flight. Please try to bring as few things as possible. You can bring a small carry-on luggage each. Plan not to check in any luggage. The NATO will have a huge meeting this Saturday through Monday here and the security checks will be extremely tough. Some metro lines won't allow passengers to carry any bags during these days anyway. There will be 7,000 more policemen on the streets. Weather will be nice in here. Saturday and Sunday will be 83-87 at the highest. For me, I only need to wear a shirt even in the evening. Monday will be 66. But then we'll be flying back to DC. The firm already gave me a thick jacket, which I can share with mom at night if necessary. So you don't have to bring a lot of clothes.

When you arrive at the O'Hare airport, follow signs "Train to City – CTA." [the "C" in the CTA is kind of vague, with some artistic dashes.] At first you may not see this sign, so follow "Luggage Claims." After a while, you'll see "Train to City – CTA," then follow this sign all the way. O'Hare airport is huge, you may have to walk long corridors, get on automatic flat or upgoing/downgoing escalators/stairs. The bottom line is to follow "Train to City – CTA." There is only one kind of Metro line, which is called Blue Line. As far as I know, there is only 1 Metro Entrance at the Airport. I plan to meet you at the Metro Entrance, where people buy Metro Tickets in front of a row of turnstiles. Don't buy tickets though, we'll just meet there. That's probably the easiest place to meet. We'll take a free shuttle bus to the hotel. The free shuttle buses are not far away from the Metro Entrance.

Yishu, can you lend a cellular phone to dad so that he can call me if we miss each other? My cell is 703-229-xxxx. Alternatively, Dad can find a public pay phone, dial 1-800-315-9339. It will ask you for your card number, put in 703-748-xxxx-2417#, it will ask you: please dial your phone number, then dial 1-703-229-xxxx.

Eventually we'll go to Chicago O'Hare Garden Hotel, located at 8201 W Higgins Road, Chicago, IL 60631. Phone number of hotel is 1-866-513-3357

照；说芝加哥这几天天气很好，周六和周日最高是83℉-87℉，周一66℉，不必带很多衣服；奥黑尔机场很大，他头几天到达时探了探路，仔细观察过，让我们抵达后跟着下机的人流，先按照"Luggage Claims（行李认领），"再按照"Train to City - CTA（进城的火车 - 芝加哥公交）"指示的方向走，就会走到机场地铁入口处，我们就在那儿会面。

  5月19日上午11点，一抒和Sharon把我们送到华盛顿杜勒斯机场（Dulles Airport, Washington DC）。由于没有行李托运，一抒在家里又给我们把电子票打印好了，就省去了领取登机牌这项工作，直接去接受安检。

  机场安检很麻烦，而且很不人性化，被要求脱掉外衣，鞋子，解下皮带，取下钥匙，手机，各种包，包括钱包硬币，总之身上不能有任何金属，还不能带水（但可以带一点水果点心），如果背包里有计算机，还必须把计算机从包里取出来给他们看。我人和包都顺利通过了，瑞芳的包却被安检人员拦下，打开，把里面的东西一样一样地翻出来，准确地把一个用几层塑料口袋裹了又裹的一大盒牙膏找到了，取出来给我看，没说什么，向我示意要扔掉，我点了点头，他就把牙膏扔到他手边的一个大桶里。我想起来了，上一次来美国时，在北京机场，我随身包里带了两只剩得不多的皮炎平、达克林也被搜查出来扔掉了。这时我看见瑞

(free phone number) or 1-773-693-2323. It's about a 15-minute drive from the Airport. It's within walking distance from the second Metro Station called "Cumberland" on the Metro Blue Line. There is a free shuttle bus operated by the hotel going from the airport to the hotel. I plan to take the free shuttle.

Anyway, I'll meet you at the entrance to the Metro Blue Line.

I'll try to call you tonight and discuss.

See you tomorrow!

Yizhi

芳还在被那个女安检员手上拿着探测器上上下下、前前后后照来照去,你说烦不烦!

后来一陟说,牙膏小得像手指那么大的可以带。

下午12:53,UA348航班正点出发,1:54到达芝加哥奥黑尔机场。飞行时间两小时(时差一小时)。按照一陟一再强调的标志"Train to City - CTA"走,我们非常顺利地到达地铁入口,老远就看见一陟向我们挥手了。

美国不仅实行夏时制,夏天和冬天时间不一样,而且国内不同时区有不同的时间,这让初来乍到的人很不习惯。芝加哥比东部的美国首都华盛顿特区(DC)晚1小时,比西部的洛杉矶早2小时。譬如芝加哥下午5点,DC就是下午6点,洛杉矶是下午3点。有些州同一天不同地区还可能有时差,比如内华达州。

二

芝加哥奥黑尔国际机场(O'Hare Airport,Chicago)位于市区西北30公里处,是世界旅客最多的机场,航班通往世界各地,中国不少航空公司如东方航空有航班到此。芝加哥位置适中,交通方便,拥有良好的会议设施,号称"世界主要的会议城,"光每年来芝加哥参加各种展览会、博览会和国际会议的人就达百万之众,这是美国其它城市无法相比的。

北约(北大西洋公约组织(NATO))第25次领导人会议5月20日至21日在这里举行,这是美国第一次在首都华盛顿以外的地方举行北约峰会。

奥黑尔场有三个航站:T1,T2,T3。

从机场到市区的交通有三个选择:打的,地铁,机场巴士。

打的,费用说不定,按照芝加哥的标准出租车计费,起步价2.25美元,之后每增加1英里收1.8美元,还有些别的杂费,从机场到市区20英里应该是40美元以上,而且还可能遭遇堵车。

机场巴士从奥黑尔到市区票价为24美元。

最好的选择我以为还是地铁。机场地铁站是地铁蓝线的起始站,24小时运营,通往市中心需40多分钟,票价2.25美元,不管你走多远,还可以换乘,只要不出站,出了站再进地铁就需要再买票（有些站例外，出了地铁站在规定时间内再进站可以不用再买票）。地铁发车密度大，不拥挤，不堵车。地铁的站点多，站点多的优点是方便，缺点是慢，停多了自然耽误时间。

三

芝加哥市区内停车费很高，除非你要买很多很多东西，人手没法拿，不然无论从时间还是金钱上自己开车去逛芝加哥都不划算。所以一般人都会选择住郊区酒店。机场区附近的酒店不管档次高低，都有机场～酒店往返接送客人的免费穿梭巴士（shuttle）。机场还专门在地铁入口为各酒店免费巴士设有停靠的车站。

我们住芝加哥奥黑尔花园酒店（Chicago O'Hare Garden Hotel），离机场约10分钟车程，在地铁蓝线从机场出发的第二个站坎伯兰站（Cumberland）的步行距离内。奥黑尔花园酒店的巴士来了，一看不是想象中的大巴，是一辆小车(van)。坐车是免费的，但在美国无论做什么事情都要给小费，这是不成文的规矩。但公开要小费还不多见，这次就开了回眼，就在司机旁边的副驾座位面前贴了一张A4大的纸，上面写着醒目的粗体英文字"TIPS ARE GREATLY APPRECIATED（非常感谢您给小费）。""要"字用过了点，应该只是"提示，提醒一下。"事后我问一陟给了他多少，他说："通常一人给1~2元，我们三个人，给了他5块。"

酒店不算小，有点旧，两层楼，简单，朴素，所在地区是好区，虽在公路边，离机场也不远，但还安静，给人以舒适的感觉。美国的酒店房间里没有牙膏牙刷（后来听一陟说，如果需要，可以向服务台要，会免费提供），也没有烧开水的水壶或暖水瓶，因为美国的自来水已经达到可以直接饮用的卫生标准，如果你不放心就只有在酒店买饮料或去超市买瓶装水喝。酒店有免费早餐，但比较简单。

市中心和市郊的酒店价位差别非常大。我问一陟，"这房间多少钱一晚？"

"50，本想订市区里面的，但这两天北约峰会，参会的人把市区里酒店都定满了，很难定。一个多月前看到这里正好在打折，90的打折成50，位置也还行，客人的评价还不错，就订这里了。"

我说："这里好。"

四

放好行李，我们就到坎伯兰站（Cumberland）去乘地铁进城。地铁在坎伯兰这一段是在地面上，在高速路 KENNEDY EXPY 的隔离带上，高速路把车站夹在中间。

地铁站入口处只有一个工作人员，没人卖票，都在售票机前自助买票。当然，如果你自助买票有困难找他帮忙，他会帮助你的。

我饶有兴趣的观看一陟自助买票的操作：

1，先选择买票，按A；

2，投币，在写着 coin 处投入一个 QUARTER（25分的硬币），屏幕上显示0.25；在写着 bill 处投入两张一元纸币（投币要一张一张的投，可投1元的，5元的，10元的，20元的，不找零），屏幕上显示2.25；

3，最后按一下取票（Vend），机器就送出一张票。

这样重复进行三次，三张像扑克牌比扑克牌略小的地铁票就到手了。你看，买一张票有这么多动作，要遇到不熟悉的人呢不动作更多？怪不得买票的人稍微多几个就得排长队了。

一陟说这麻烦就在不找零，也不退余额。他头几天刚到机场地铁入口处就碰到一个中国姑娘，说她要"永远"离开芝加哥了，试图把她还有几十块余额的地铁票转让给他。他因为自己也不清楚是否这几天能用完这么多余额，也没有买她的票，所以这两天他就准备了一堆钢镚和一元钞票坐地铁。

到检票口，把票的有缺角的一头朝上，缺角向左，投入检票箱，投下去它又自动跳起来，你取回车票进站，站门会自动为你打开。

地铁古老，设施陈旧，座椅横置，有些车厢与车厢之间不连通，哪有重庆新修的地铁豪华！

从机场到市区虽然路途比较长，但很长一段不在地下，可以边坐地铁边欣赏沿途街景。

五

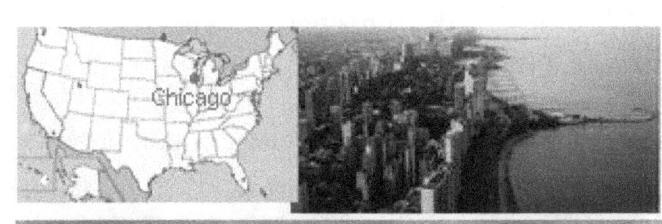

芝加哥（Chicago）别名"芝城，""风城，"位于美国中西部伊利诺伊州北部，美国第二大淡水湖---密歇根湖的西南岸，全市面积588余平方公里，人口700多万。芝加哥及其郊区组成的大芝加哥地区，是美国仅次于纽约和洛杉矶的第三大都会，为美国最重要的铁路航空枢纽，也是美国主要的金融、文化、制造业、期货和商品交易中心之一。

芝加哥的市中心在密歇根湖滨，是市政、经济、文化、旅游的中心。众多航空线，高速公路，铁路通向这里。走出地铁站，林立的摩天大楼拔地而起，刻板直角的高楼之高，还真是抬头一望帽儿都要掉下来，宽阔的大街显得那么狭窄，令人震撼。

"芝加哥是印地安语，意为'葱'，因为早期湖岸边和河周围长满了野葱、野蒜、野韭菜，想必味道不小。"一陟说。

一陟简直就是一个非常称职的导游，边看边走边解说，边照相。这一点是回来过后我为了写这篇游记又去网上看了大量的有关资料后才意识到的，几天来看的，网上讲的他几乎一点不漏的全都介绍到了。

"这里就是卢普，芝加哥的中心，最繁华的商业区。'卢普（Loop）'这个名称源自环绕该地区上空的高架铁轨（Loop意思是环,圈,环形线路)。卢普相当于重庆的解放碑,里面房价特贵。"

芝加哥有众多的博物馆。由于时间关系我们只顺路看了一个卢普里面的博物馆:芝加哥文化中心(Chicago Cultural Center)。看了华盛顿的博物馆就觉得这个博物馆很一般了,里面的展品尽是些鬼怪骷髅画,应该搬到丰都去,没有让人觉得特别新奇的,还不让照相。看了美国的博物馆,才觉得重庆的三峡博物馆是相当不错的,很有特色,值得一看。一陟介绍说芝加哥有十多个著名博物馆,其中芝加哥艺术博物馆(Art Institute of Chicago)与芝加哥科学与工业博物馆(Chicago Museum of Science and Industry)非常出名,值得参观。

市区里面有很多雕塑,很受游览者喜欢。

芝加哥还有一个别名叫"牛城,"为了吸引观光客,在市区放置了300只彩绘牛,并请来艺术家在上面作画,这些牛体积和真牛一般大。

你就看这头牛吧,角都被人们摸得油光水滑的了。中国人爱"执牛耳,"美国人仿佛更爱"执牛角。"

六

千禧公园(Millennium Park),自2004年建成开始,就成为芝加哥的标志。

来到千禧公园,首先看到的是在一个不大的广场上放着一个巨大的,椭圆形造型的独特东西,像哈哈镜但不是平的,而是椭圆的,立体的,上面映照出恢宏的城市高楼群和蓝天轮廓,下面映照出游人的幻像。美极了,我一下给震住了。

一陟说:"你们先猜猜,这是什么?"

无语。

"你们看看它像什么？"

我首先想到的是，它像个猪腰子，但觉得不可能叫猪腰子吧，没敢说出来。

一陟说："它叫云门，俗称豆子。"

雕塑家阿尼什·卡普尔（Anish Kapoor）创作的抛光雕塑"云扉，"云门（cloud gate）的形状像一粒豆子，所以芝加哥人们更喜欢称它豆子（bean）。芝加哥当地人和外地人，可以说全世界只要看过这颗豆子的人，没有一个不特别喜欢它，没有一个不去亲手摸摸它，没有一个不在它面前照照镜子，没有一个不对着它摆出千姿百态的姿势照相摄像留念，没有一个在网上说到它不赞不绝口。一个网友说："我爱死它了。"的确，我也爱死它了。

云门长宽高为 20×10×13 米，重 100 吨。远远看去像是一滴水银，它采用抛光不锈钢外表制成，可将周围的景色映入其中，不同时间不同角度所看到的"豆子"都是不同的。称之为云门意为通往芝加哥的大门。云门 2006 年正式完工，在美国国内和国际上获得相当高的知名度。

有视频录像，见：

http://www.youtube.com/watch?v=r96QVltrbIU&feature=youtu.be 或者

http://v.youku.com/v_show/id_XNDA2MzY5Mjc2.html
在百度输入:"芝加哥 千禧广场 云门 豆子"搜索也可以搜索出来。

七

和云门紧邻的是建筑大师弗兰克·盖瑞 (Frank Owen Gehry) 设计的贝壳形露天音乐厅，台顶的巨型曲线钢带别具风格，吸引着每个游览者的眼球。这里会举办世界级户外音乐会。这里的厕所特大，是我见过的最大的室内厕所，而且外面还有两排临时移动厕所，一排大约有二三十个。虽然我们无幸看到这里热闹非凡的音乐会场面，但从厕所的需求量可以推断出这里聚集的人数之多。

离露天音乐厅不远是一个简单的植物园，园里有一条小水沟，水沟边坐着一些乘凉的游人，流水清澈见底，沟底有一些游人丢的硬币，在清清的流水中，在灿烂的阳光下，闪闪发光。一些游人干脆脱掉鞋袜在沟里洗脚，几个女孩站在沟里弄水。我们坐在沟边休憩闲聊。"沧浪之水清兮，可以濯吾缨， 沧浪之水浊兮，可以濯吾足，"出自屈原《渔父》。

八

芝加哥的白金汉喷泉（Buckingham Fountain）是世界第一大照明喷泉，比法国凡尔赛宫大喷泉还大一倍，它的基座用粉红色的大理石筑成，水池直径 85 米，有 133 个喷嘴，水花从四周射向中央，中央的一支水柱喷高四五十米。喷泉修建于 1927 年，位于格兰特公园(Grant Park)密歇根湖湖滨。这个喷泉由凯特·白金汉(Kate

Sturges Buckingham）出资修建，也是芝加哥的地标性建筑。

晚上每小时有20分钟喷水表演，同时伴随灯光与音乐，可惜我们没有看到。一陟说听说因为北约峰会，市政府想减少人员聚集，暂停了表演。

九

我们来到密歇根湖边，面湖而坐，一边聊天，一边看湖。湖面上：鸟儿飞翔，游艇荡漾，灯塔兀立，远望如同大海无边无际；左看是繁华的海军码头，高高的摩天轮；右看有一个像大型蒙古包一样的建筑，一陟说那是天文馆；回头看便是高楼森林市中心。微风拂面，暑热顿消，我们把拿在手中的衣服又重新穿上。

密歇根湖（Lake Michigan）是北美五大湖泊之一[2]，面积居第三位，同时也是唯一的一个全部属于美国的湖泊，长494公里，宽190公里，湖水即使在八月都很冷，因此不能游泳。湖中多鳟鱼、鲑鱼。

芝加哥旅游景点大多在密西根湖的沿岸，包括林肯公园，海军码头，千禧公园，格兰特公园，以及有着华丽一英里之称的

---

[2]五大湖（Great Lakes）是位于加拿大与美国交界处的几座大型淡水湖泊，按面积从大到小分别为：

1，苏必利尔湖（Lake Superior）
2，休伦湖（Lake Huron）
3，密歇根湖（Lake Michigan）
4，伊利湖（Lake Erie）
5，安大略湖（Lake Ontario）

除密歇根湖属于美国之外，其它四个湖为加拿大和美国共有。这五个湖泊所组成的五大湖是世界上最大的淡水水域。

密歇根大街。

十

多位美国领袖出生在伊利诺伊州：林肯，里根，格兰特，现任总统奥巴马就生长在芝加哥。

有十几位总统是在这里被提名的，如林肯、两个罗斯福、艾森豪威尔，克林顿。

十一

芝加哥是世界上多风的城市之一，别名"风城。"湖滨地带风力强劲。如果一月份正好在马路口碰上密歇根湖刮来的刺骨寒风，你就能体会到这个外号的份量。风还不算芝加哥的唯一气候特点，温差大也是闻名的，有过冬季气温低于摄氏零下30度，夏季气温高过摄氏40度的纪录。春季天气变化多端，晴天的气温可能达到20多摄氏度，而雨天则可降至几摄氏度。气候最稳定、最适宜的是秋天，湿度低、阳光充足，温度在15.6至23.9摄氏度之间。

我们呆在这里的这三天就有所体会。头两天很热，30℃以上，太阳当头照，两天功夫就把人的脸晒得黝黑黝黑的。到了第三天，5月21日，温度突然下降十几摄氏度，顿时觉得冷飕飕的。瑞芳说她在坎伯兰地铁站等我们的时候，风呼呼的吹，躲也没地方躲，被冷惨了。

夏天，芝加哥是旅游和举行各类会议的黄金季节。

十二

夜幕降临，向南看，向北看，向西看，一片灯的海洋，一望无际

　　西尔斯大厦观景台（南伟克尔街 233 号(233 S Wacker Dr)）顶上两根巨型天线耸立于建筑森林之上，直冲云天，无论你从哪个方向，很远都能看得见，是芝加哥的地标。登西尔斯大厦（Sears Tower）103 层观景台（Skydeck）的最佳时间为黄昏，白天的壮观和夜景的瑰丽尽收眼底。天气好的时候能见度 50 英里，能看 4 个州。

　　上面有 4 个空中玻璃阳台（"Ledge" 意为悬崖边的突出物），是独特的一景。Ledge 向外突出 1.2 米，宽高为 3 米，三面的围墙、顶和地板都是玻璃，距地面高度 412 米，虽然明明知道站在这高空的玻璃阳台上是绝对安全没有任何危险的，但还是难免胆战心惊，站上去的感觉六个字：又惊险又刺激。敢不敢站上去的确是检验你有没有恐高症的试金石。来芝加哥的人，没有一个不来这瞭望台登高望远，来这里登高望远的人，没有一个不来体验这又惊险又刺激的玻璃阳台。听说现在上海东方明珠塔也有类似的玻璃地板，我们 2006 年去的时候没有。后来听一陕说 Ledge 的确出过状况。当有人在上面照相时，脚下玻璃突然碎裂成上千片，幸好还有一层保险层，只是虚惊一场，估计损失了不少白血球。

夜幕降临，向南看，向北看，向西看，一片灯的海洋，一望无垠，像天上的街市。向东看，白天那如诗如画的密歇根湖这时却变得黑糊糊的，只有点点灯光如星星闪烁。

在天气晴好的日子里，这个观景台每天吸引2.5万名游客前来观光。每位游客来此观景要花费门票二三十美元。

西尔斯大厦地上建筑110层，地下3层，楼高442.3米，1973年对外开放时一度为世界上最高的建筑，多年后才逐渐被超越，现在是美国第一，世界第五[3]。

西尔斯公司已于1992年搬出该楼，威立斯，一家老牌的英国保险公司，买下该楼名称使用权15年，改名为威立斯塔（Willis Tower），2009年7月16日又改名为韦莱集团大厦，但西尔斯的名字一直保留至今，芝加哥市民不认同改名，他们说，它仍是西尔斯大厦，是芝加哥的一部分。一陛说以前西尔斯公司一直是他们所的一个大客户，直到现在他们所的芝加哥办公室还在西尔斯大厦里。

十三

20日早 我们打的向北去了坐落在芝加哥北郊的德斯普兰斯（Des Plaines），那里有世界上第一家麦当劳(McDonald's)，它现在已变成了只供参观的博物馆。但它只夏季开放（5月底-9月初）；"冬季"游人少，不开馆，不让进里面参观，我们早来了一

---

[3] 目前（2012年）已经建成的世界10幢最高建筑物

第1名，台北101，共101层，楼高509米；

第2名，上海环球金融中心，共101层，高度492米；

第3名和第4名，马来西亚首都吉隆坡的双子塔，88层，高452米；

第5名，芝加哥西尔斯大厦，共108层，高442米；

第6名，上海金茂大厦，共88层，高421米；

第7名，香港国际金融中心(第二期)，88层，高415米；

第8名，广州中信广场大楼，80层，高391米；

第9名，深圳顺兴广场大楼，69层，高384米；

第10名，纽约曼哈顿的帝国大厦，102层，高381米。

星期，只能在外面看看。在附近另开了一家麦当劳可以用餐，里面也有很多照片和少许实物讲述着麦当劳的历史。

关于世界第一家麦当劳在哪儿问题，其实说法不一。

一九二八年，麦当劳小弟高中毕业找不到工作，投奔在加州的大哥，两人先是卖热狗，后来转为卖薯条汉堡。一九四八年，麦当劳兄弟开了第一家麦当劳快餐店。所以有人说：世界第一家麦当劳在加州。

麦当劳兄弟俩有能力创办麦当劳事业，却没能力将它发扬光大。一九五四年，出身批发商人的科洛克(Raymond Albert Kroc)看好麦当劳的前景，加入麦当劳兄弟行列。一九五五年，科洛克在芝加哥创办第一家加盟连锁店，也就是今天我们看到的这一家。一九六一年，科洛克以二百万美金购买麦当劳商标权并以科技化管理麦当劳。一九六五年，麦当劳股票上市。一九六七年，美国以外的第一家麦当劳成立。发展至今 120 多个国家有三万多家跨国连锁店。据说至今仍以每 3 小时就有一家麦当劳在世界各个角落诞生。所以有人说：还是以科洛克发展的这一家作为世界第一家比较合适。

俗话说"生意各做各，"世界上卖吃的、喝的这么多人，科洛克怎么就做得这么大！看来做生意能不能做大，"理念"二字很关键。

麦当劳的标志是金黄色的拱门，那黄色和那拱形据说当时是为了吸引顾客的注意力。后来，人们把两个拱形合拼在一起，正好是麦当劳的第一个字母 M，成为今天过目不忘的世界餐饮业第一标志，吸引着儿童，行人和司机的目光。

十四

离那家麦当劳不远有一个火车站，我们步行去那个火车站乘火车进城，去体验芝加哥的又一个新东西。

我知道 Metro 是地铁，但还未见过 Metra，我们要坐的火车叫 METRA。一陡给我解释说：Metra 是芝加哥远郊通勤火车。

METRA 线路开到距市中心 100 公里之外，覆盖的范围比地铁大得多。它用柴油牵引传统双层客车（有少数线路已经过电气化

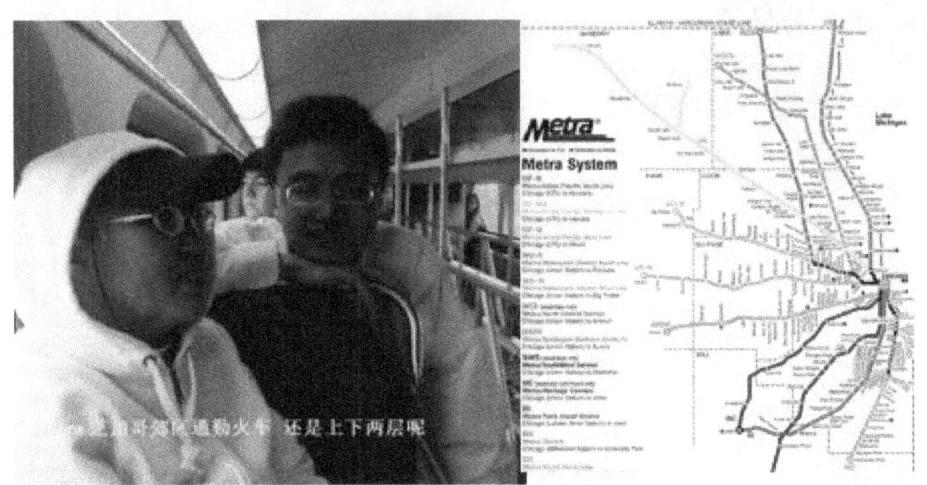

改造），载客量大，除了上下班高峰期外，发车间隔也较大。所以你要乘 Metra 须提前查阅列车时刻表，不然如果你错过了时间就很可能会在那鬼都没得一个的荒郊野外遇到什么事，叫天天不应，喊地地不灵。

METRA 基本准时， 费用不高，按距离远近收费，从德斯普兰斯到市中心一人才 5 元。一个网友说，他儿子 1.4m 高，在国内要买全票了，可售票员还说 FREE。

等了几分钟，车就来了，上车买票。没想到上下两层居然都坐得满当当的，但不拥挤。站了好几个站，直到有几个人下了车我们才坐上座位。

十五

1871 年芝加哥发生了一场大火，没有人知道火灾的起因，10 月 8 日星期日凌晨开始，到星期一上午火势跨越芝加哥河到达商业区，直到星期一下午一场大雨阻止了火势结束了这场灾难。大火过后，芝加哥几乎被夷为平地，来自全国各地的建筑师和景观设计师齐聚芝加哥参与重建，共同打造了如今我们所看到的摩

登都市。应了俗语："旧的不去，新的不来，""一张白纸好画最新最美的图画，""坏事在一定的条件下可以转化成好事。"

　　密歇根大道北端，有芝加哥第三高楼约翰·汉考克中心（John Hancock Center），我们在它的顶楼餐厅用了午餐，从上面看密歇根湖和芝加哥天际线非常优美。紧邻着汉考克中心，耸立着古色古香的芝加哥水塔（Water Tower）。在摩天大楼群之中，这座42米高的水塔显得渺小，但它却是芝加哥历史的象征，是1871年芝加哥大火中幸免的少数建筑中的一件，它建于1869年，整个水塔用黄色石块砌成。

　　如今，水塔已成为芝加哥地标性建筑。整个水塔颇具13世纪欧洲哥特式建筑的风格，看上去似乎更像一座城堡，而非水塔。芝加哥水塔是世界上第二古老的水塔。历史最悠久的水塔是美国肯塔基州的刘易斯维尔市的刘易斯维尔水塔。 水塔现在已经不再用于泵水送水，成为了芝加哥最主要的旅游景点之一。

　　在这座充满建筑创意的城市中，可以看到许多风格迥异的建筑。马利纳城（Marina City），两座呈玉米棒外形的孪生楼，65层，高179米，是住宅大厦，上面是公寓，下面设车库，商店、餐厅、银行、影院、剧院、溜冰场、体育馆、游泳池、保龄球馆和办公室一应俱全，住户足不出楼，衣、食、住、行、乐全部解决，整个建筑被视为"城市中的城市"（city within a city）。那形状像一粒粒玉米的阳台使马利纳城成为芝加哥的标志性建筑之一，几乎出现在所有涉及到芝加哥的电影里。

　　湖滨还有一座叫湖尖塔（Lake Point Tower）的高楼值得一提，它相貌平平，但却是世界上最高的公寓楼，70层里全是住家。

　　截止到2010年，芝加哥超过100米的摩天楼的数量达到1200多座。整个城市就像一座建筑博物馆，屡次被评为美国最佳城市建筑。

十六

美国人来自世界各地，按各自的种族群居是一大特点。

芝加哥市中心北边为白人，富人居住区，被称为好区，南边为黑人区，是坏区，中国城在南边，芝加哥大学也在南边。黑人占芝加哥市区人口的近三分之一。

白人大多数是富人，黑人大多数是穷人，所以白人区治安好，黑人区治安不好，时有偷盗抢劫甚至杀人事件发生。尽量不要去黑人区，如果去了，思想上要多根弦，务必小心，安全第一。

其实，黑人绝大多数都是好的，社会的各个职位都有黑人，政府官员呀，警察呀，律师呀，医生呀，教师呀，司机呀，那怕是清洁工人，也同样在为社会做出巨大贡献，还有不少杰出人物如安南、奥巴马。但是，一粒耗子屎打坏一锅汤，就那些黑人中的人渣垃圾把黑人、黑人区的名声搞得臭不可闻，谈黑色变。

在美国，白人不愿意住黑人区，黑人也不愿意住白人区，如果白人那怕是走在黑人区的路上，自己和周围的人都会觉得岔眉岔眼地不自然。反之亦然。天长日久，黑人区白人区自然分开，格格不入。惹不起躲得起。现在美国的趋势是，白人住得离市区越来越远，越来越多的白人差不多都住到深山老林里面去了。

美国白人人数也越来越少。越是有钱越不愿意生育，越是穷越是使劲生。现在走在美国大街上，难得看到面孔白皙、金发蓝眼睛高鼻子洋人了。这样继续发展下去，几十年，几百年，后果不堪设想。联合国一天到晚挽救这、挽救那（濒危物种），现在是不是该把挽救濒危人种提到议事日程上了？

十七

芝加哥河（Chicago River）183 公里长，流经市中心，在市区中部分为南北两条支流，把城市划为三个自然区。郊区向南、北、西三个方向延伸数里。

乘船观赏芝加哥的宏伟建筑是游览这个城市的最佳方式。因此游客都会来坐坐游船。游船公司也较多。

我们选择了芝加哥建筑基金会的建筑之旅 WENDELLA BOATS，码头在北密歇根大道（North Michigan Avenue）和东伟克尔街（E Wacker Dr）交汇处。买票登船，走到船顶上，不一会儿就开船了。大家顶着太阳，喝着饮料、啤酒（另买），全体脑壳跟着讲解员手指的方向转来转去，时而向左，时而向右，时而手搭凉棚，仰望蓝天。顺着芝加哥河穿梭在美妙建筑和户外雕塑之间，欣赏着经典的建筑和繁华的城景，一座座横跨芝加哥河的钢造开合桥在头顶上缓缓退去……游船先向西走一段，再原路返回，然后向东，开向密歇根湖。其间还能看到希尔斯大厦和四个 ledges。

芝加哥河原本是流入密歇根湖的，同时也将芝加哥的城市污水注入湖中，湖水一度遭到严重污染。19世纪末，为了彻底根除城市污水对密歇根湖湖水的污

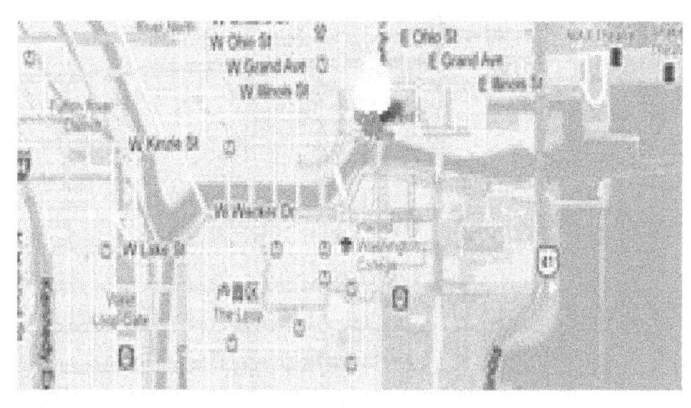

染，芝加哥通过修建一系列的水闸，成功地使河水倒流，这一工程被视为现代工程史上一大壮举。游船开到河口，人们纷纷起立站在船沿好奇地观看水闸如何开合。游船开进密歇根湖，在湖面上观看芝加哥市区，高楼森林极为壮观，从另一个角度给人留下难忘的印象。

沿芝加哥河还修了人行步道（riverwalk），虽很狭窄，也几乎没有什么人走，但我还是觉得此举非常人性化，让人更近距离亲近芝加哥河，可取。

河上的水上的士（water taxi），是芝加哥独特的一景。我们驻足观看片刻，还有一些人站在水的站等候，

水的到站，人虽不多，但先下后上，井然有序。

十八

星巴克咖啡（STARBUCKS COFFEE）这几年在国内时兴起来，瑞芳好久就说想去体验一回，但因为价格较贵而望而却步。20日中午如愿以偿，一陟带我们进了一家星巴克咖啡店，瑞芳一个人要喝咖啡，一陟和我都不喝咖啡，于是一陟买了一杯卡布奇诺（cappuccino）咖啡给妈妈，一杯中国绿茶给我，一杯奶昔自己喝，来个一国三制，还买了点点心。这个星巴克和一家大型超市相连，我们进超市去买了水，水果，面包，烤鸭翅等一大堆，坐在星巴克店里慢慢享用。瑞芳觉得这烤鸭翅跟重庆的有一比。这里虽处闹市，却还安静舒适，空调不冷不热。不像有些商店，冷天你进去热得要命，热天你进去冷得伤心。我们吃饱了，喝足了，休息够了，就去上厕所，超市的厕所门居然是锁着的，我还以为是不让上呢。一陟说，不是不让上，如果需要可以到服务台去要钥匙。我们去要了钥匙，用完厕所，走出星巴克，穿行在大街上，步行去下一个景点海军码头。

咖啡，没听见瑞芳特别的评说，好还是不好，倒是上次在麦克林（McLean）的麦当劳喝的那次咖啡她还赞扬过几次。茶，我也没有品出什么味来，至少解了渴。但，这顿午餐却是相当的满意，瑞芳说是这三天最满意的一顿。

十九

海军码头（Navy Pier）是芝加哥最美丽的地方，著名旅游景点，长914米，宽89米，直伸进浩瀚的密歇根湖。码头上有20.23万平方米的公园，花园，有商店，剧院，餐馆，咖啡厅，游乐场，有进出码头的轮船，游艇，是芝加哥的娱乐和会议首选

地，是凡到芝加哥的人必参观的景点。年观光人数高达700万人次。那人头攒动，熙熙攘攘的场面要在中国一点都不稀罕，但在美国就难得一见了。

海军码头是芝加哥有历史意义的建筑物，自1916年建造后，一直是芝加哥的地标。码头始建于1914年，是当时世界上最大的码头。1927年为向一战退伍军人表示敬意，改名为"海军码头。"后来在二战期间，这里曾被军方用作海军训练基地。

在20世纪70~80年代，海军码头变得臭气熏天，污染严重。政府花巨资将其改造成游乐园，儿童博物馆，会议中心，美食中心和休假胜地。如今这里是芝加哥最受欢迎的娱乐广场。在这里，可以听爵士乐，品尝品种多样的美食，观看屏幕有60英尺高，80英尺宽的IMAX电影。虽比邻市中心，却远离城市喧嚣。累了，在湖边长木椅上面湖而坐，看着近在咫尺的灯塔，帆船，游艇，海鸥，听着湖水的波涛声，海鸟的鸣叫声，是不是别有一番情趣？

海军码头的游乐园，高达45.7米的摩天轮和它旁边的旋转木马是孩子们的最爱。

有网友说里面吃的很贵，玩的也贵，停车费更是贵得咬人。

从州街（State Street）到海军码头，沿着大马路（Grand Avenue）和伊利诺伊街（Illinois Street），有免费电车，周日到周四10am-11pm，周五到周六10am-1am，每20分钟一班，沿途你

看见"Navy Pier Trolley Stop"便是站。

二十

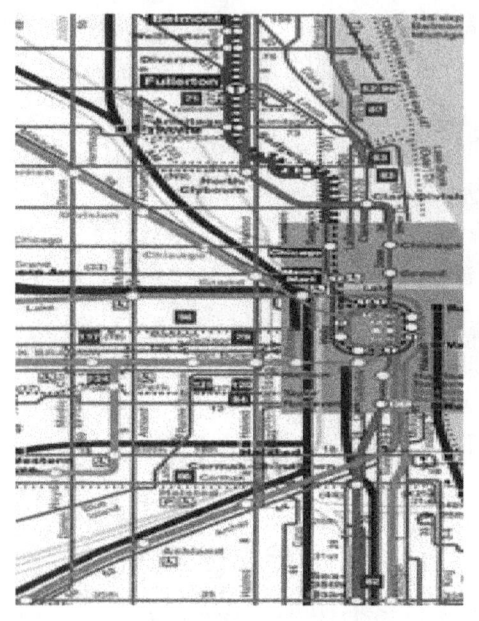

芝加哥公共交通局CTA（Chicago Transit Authority）是芝加哥市区及近郊的公交主干力量，其最重要的运输工具就是被当地人亲切地称呼为L（即ELEVATED的缩写，意为高架）的轨道交通系统。

L系统的特征可以用环线+放射来概括。位于市中心的环线（LOOP）是整个系统的核心，它并不属于任何一条线路，而是由多条线路共享的环型轨道。环线Loop是芝加哥地铁一大特点，所有线路都要在Loop所圈的范围内汇集，换句话说所有线路都从Loop放射出去，还有一条线永远在Loop里转圈。这里是四五条线共享一条轨道，行车密度大，高峰时期会出现地铁车辆在高架上排队进站的堵车现象。

L系统一共有红，橙，黄，绿，蓝，紫，棕，粉8条线路。除黄线外，其它七条线路全部经过或从地下穿过环线。因此，无论你在芝加哥的什么位置，只要你找到附近的L车站，就一定可以到达市中心，或换乘其它线路，到达你想到达的地方。有意思的是，芝加哥的地铁站有重名的情况。比如说，叫"Western"的站就有五个。更要命的是，同一条线上也有同名的站，比如蓝线就有两个"Western"站。这是因为地铁很多站名努力与地上的街名保持一致，这样地铁乘客就知道出了地铁口会是什么街。而U形的蓝线两次穿过"Western"街，CTA一懒，就都叫"Western"站了。哪位聪明的作家还可以以此创造出一幕阴差阳错的情节。

红线和蓝线24小时营业。

芝加哥人的字典里没有"地铁"这个词，因为L的绝大部分都为高架或地面线路，只有市中心的少部分线路是从地下穿过。重庆也是，也不叫地铁而叫轻轨。

这些高架线路大多修建于２０世纪初，甚至１９世纪末，距今已有一百多年的历史。

地铁们在摩天森林中的高架上往来穿梭，是Chicago一大特色景观。

CTA有170条公共汽车线路在市区运行，不过大部分的路线在周末均减班或停开。

CTA的地铁和公交车的票价都是$2.25。公汽票和地铁票可以通用。

还有一日游票(One-Day Fun Pass)只要$5，可以在一天内无限制乘坐地铁和公交车；二日票$9，三日票$12，五日票$18。还有周票($20)和月票($75)等。

芝加哥电车及双层巴士公司提供的双层观光巴士和电车，路线停靠八个最著名的景点。成人票$15，老人票$12，12岁以下儿童$8，游客可以下车自行游玩，然后又搭乘另一辆巴士或电车，可以在一天内无限制乘坐。

出租车跟国内一样，在街上行驶招手可上，还可能等候在什么地方随时侯命。

二十一

唐人街，顾名思义是一条街，但英文译成Chinatown，而芝加哥的唐人街算得上是地地道道一个城。我们在海军码头打的，直达华埠主街：永活街（Wentworth Avenue）。永活街入口有一座大牌楼，色彩鲜艳，朝外写着孙中山手书的"天下为公"，朝内写着"礼义廉耻"。大街上全是华人开的饭店，经营中国土特产和礼品的商店。

瑞芳坚持要去"老四川"品赏芝加哥的川菜，不仅仅因为她是成都人，还因为她之前在报纸上看了一篇关于老四川的文章。好不容易才找到老四川，因为它的背后冲着大街，正门在相反的方向。原来应该进华埠广场大门后，左拐走到末端。门面小，不显眼，进去一看，里面人还不少，店堂不大，也不算小。有十几张餐桌，都坐得所剩无几了，还有一些外国人。我们点了一个凉拌肚条，一个鱼香肉丝，一个榨菜肉丝汤，一盘青菜。饭一个人一块钱。先端上来一小碟咸菜,算是送,一看是泡菜,我们都很高兴,成都的洗澡泡菜是有名的,好吃,我们迫不及待的夹一块往嘴里一放,哎呀,咸死了!简直不能吃。我不晓得做这个菜的师傅自己赏过没有。等了一会,菜饭端上来了。量比较足,味道不怎么样,特别是鱼香肉丝,应该是川菜里很受欢迎的特色菜,结果味道不行,没有鱼香味。一陟说,"还没得爸炒得好吃。"肚条太辣,辣得不正派,好像搁了碱,只有榨菜肉丝汤和青菜还可以。

无论在哪家饭店就餐,芝加哥的小费通常都是15%到20%。这顿晚餐一个人划十几块钱,不算贵,也不便宜。我多么希望我们的老乡们能把川菜在国外发扬光大,越做越好,生意兴隆啊!有点让人失望。

忘不了几年前在拉斯韦加斯(Las Vegas)的唐人街吃"花果山,"吃了一顿还想二顿,吃了二顿还想去吃三顿,在拉斯韦加斯耍了三天,天天的晚饭都选择那里,舍不得更改别处,走的那天是时间不够了,不然还想去吃一顿再走。

走出老四川,进了一家小超市,打算买点苹果,点心,水。结果逛一圈,苹果和点心看了都没有购买的欲望,水没有,只有饮料。于是什么都没买,出了超市,天色已晚,旁边的芝加哥美洲华裔博物馆(Chinese American Museum of Chicago)也已经关了门。

游完中国城,乘红线地铁返回芝加哥市中心,在地铁入口处才看见还有九龙壁和"欢迎莅临芝加哥华埠", 华埠主街,永活街入口就在对面。傍晚时分,乘地铁的人很多,好在不远,很快就到了市中心。

我们换乘蓝线回到奥黑尔坎伯兰,在花园酒店附近有一家大型超市,我们进去买了苹果,点心和水。瑞芳看见一件粉红色短袖汗布 SAFEWAY 的印得有 CHICAGO 城市图案的 T 恤,$8.99,爱不释手,又有点嫌贵,我看还不错,就总成她卖了，算是芝加哥三日游的纪念品吧。

二十二

芝加哥在国际工人运动中有着光荣的历史，是国际"五一"劳动节和"三八"妇女节的发源地。

劳动节源于1886年5月1日美国芝加哥的工人大罢工。然而美国的劳动节却不在"五一。"这是因为当时工人大罢工的目的是争取实现8小时工作日，当时全美工人劳动时间每天都在12～16小时，甚至更多。他们遭到美国当局的镇压，然而，"五一"大罢工得到国际工人特别是欧洲工人的同情和支持，最后迫使美国资产阶级作了让步：当年美国有18.5万人争得了8小时工作日，再顽固的企业也不得不把每天劳动时间缩短为9～10小时。第三年1889年，在巴黎举行的第二国际成立大会上通过决议，规定每年5月1日为国际劳动节，可是美国劳工工会联合会领导却不愿意响应，不组织纪念庆祝"五一"的活动。 美国政府后来在设立劳动节时规定每年9月的第一个星期一为劳动节，放假一天。

1908年5月，美国社会党在芝加哥召开全国代表大会，左翼女权活动家们借机在报纸上掀起性别平等大讨论，号召女工们到会场外抗议，要求社会主义党成立全国妇女委员会，专门负责女性运动的组织与宣传工作。尽管多数男性党代表对此极为不屑，但最后迫于压力，还是采纳了这一提案。

首次庆祝妇女节是在1909年2月28日---美国社会主义党全国妇女委员会成立后，决定自1909年起，将每年二月份的最后一个星期天定为"全国妇女节，"专门用于组织大型集会和游行。之所以要定在星期天，是要避免女工为了参加活动而请假，给她们造成额外的经济负担。

在1917年俄国二月革命期间，彼得格勒女工响应布尔什维克的号召，于3月8日（俄历2月23日）举行庆祝国际妇女节的示威游行，要求得到"面包与和平，"参加了有9万男女工人进行的罢工。十月革命成功之后，布尔什维克的女权活动家亚历山德拉·米哈伊洛夫娜·柯伦泰（Alexandra Mihalovna Kollontai）说服列宁将3月8日设为法定假日。苏联时期，每年都会在这天纪念"英雄的妇女工作者。"

1921年9月9—15日，第二届国际共产主义妇女代表会议在莫斯科举行，28个国家的82名代表出席会议。会上，保加利亚的女共产党人建议，为了纪念俄国女工在1917年二月革命中的英勇斗争，把每年的3月8日定为国际妇女节。第二国际共产主义妇女代表会议采纳了这个建议，通过决议将3月8日这天定为国际妇女节。

二十三

21日，星期一，上午，我们又来到千禧公园。一个人脚踏平衡车在豆子周围转来转去，好像在为我们表演似的。我第一次在DC看见几个警察脚踩一种新型两轮车行走在马路上，我很好奇，自行车摩托车的两个轮子是一前一后的，而这种车的两个轮子却是平行的。车轮比自行车小得多但粗得多，两轮之间有一块供脚踩踏的踏板，中间立着一根竖轴，竖轴上方连着一个外形酷似自行车手柄的把手。骑自行车、摩托车，人是坐在上面的；而骑这种车，人是站在上面的。那时我还不知道它叫摄位车。

我问一陟，"这种车叫什么？"

"Segway。"

"怎么拼的？"

"S-E-G-W-A-Y" "我去学过，半小时就学会了，身体前倾就快，后仰就慢，很好控制。"

我在网上查了一下才知道它中文名叫摄位车，又叫赛格威，是一种电动交通工具，供一个人使用，俗称电动代步车。

听说现在北京也有。

它价格昂贵，耗电量大，但操作简单，安全，目前主要是高尔夫球场，场馆保卫和警察在使用。

后来一陟带着我在宾夕法尼亚州的著名古战场葛底斯堡（Gettysburg）学会了如何驾驶摄位车。一个小时左右学习，先在练习场里练，然后就上路了。开起来很轻松，速度还可以蛮快。葛底斯堡古战场很宽阔，人很少，微风习习，开起来很惬意。

二十四

芝加哥是个文化名城，有95所大专院校，在寸土寸金的市中心也有大学。

芝加哥大学是美国最富盛名的私立大学之一，是国际高级学术研究中心。在全美大学排名榜上，学术声誉排名第4。芝加哥大学有81人获诺贝尔奖，其中包括华裔物理学家李政道、杨振宁、崔琦。主校区在芝加哥市南郊海德公园。

西北大学是一所顶尖的私立研究大学，创建于1851年，从1988年至1994年，六年蝉联美国各名牌大学商学院的排名第一位。主校区位于伊利诺伊州的小镇埃文斯通。它的法学院、医学院和部分商学院在芝加哥市区里面。

一陟喜欢参观大学，几乎每到一个地方旅游只要可能都要去看看那里的名牌大学，他上周三刚抽空自己去参观了芝加哥大学。我们步行去看了西北大学法学院，并在法学院门前照相留念。

我想起了一陟和一抒小时候我带着他们两个去参观重庆大学校园的情景，买了个小西瓜，请卖瓜的砍成几块，边走边啃，吃完后手粘巴巴的找不到水洗手……

二十五

　　Gino'S East（吉诺东）是一家有名的披萨（pizza）店，特别是那里的厚披萨（Deep Dish Pizza 深盘比萨）不但当地人爱吃，观光客也会慕名而来。

　　1966年，两个出租车司机厌倦了芝加哥繁忙拥塞的交通，与一个朋友共同合伙在市中心开了一家 Pizza 店。他们的 Pizza 做得像派（pie：馅饼），又厚又大，料多味美，很快就做出名了，分店越开越多，以至于现在芝加哥赢得了世界披萨之都（Pizza Capital of the World）的美名。

　　我们来到密西根大道附近的分店，一陟说，"今天中午就吃披萨吧。"

　　"好。"

　　店门口站着一个侍者把着门，她先打个电话，才让我们进去。我很不理解：怎么进去吃披萨还不让进？原来，披萨店一般都小，容纳不下很多人，吃的人又多，如果到了里面又没有座位站在别人旁边看着别人吃多不好，别人也会因为有人站在旁边感到不自在。所以，只好把你暂时"拒之门外"了，把门的侍者会先打电话问一问，里面有空位就放你进去。旅游旺季，飨客们会在店门外排成长龙。要是在寒冷的冬天就惨了，幸亏不是冬季。

我们直接来到二楼，餐厅内灯光昏暗，点着蜡烛，大约坐了九成客人，都耐心等待着。我们三个人点了一份蔬菜色拉，一碗类似面块的东西，一人一杯饮料，边吃边喝边等。

Gino's East 店内的装潢非常粗犷，深褐色的墙壁上全是客人的涂鸦，涂得满满的乱七八糟的，很丑，很难看。难看归难看，毕竟有个性。这难看的涂鸦不正成了这个店的特色吗？而且还省去了昂贵的装潢费。何况人们不是冲装潢而来，也不会介意，Pizza 好吃才是最重要的。

等了很久才端上来，因为每一个披萨都是你点了以后师傅才为你现做，所以等待的时间较长，所以如果你饿了必须先点点别的什么来先吃着喝着。侍者为我们把大块厚 Pizza 分切成几块放入盘中。味道不错，分量很足，我们三个人吃一个最小的就足够了，我最喜欢的还是那厚厚的面皮边，不油不腻，酥脆可口。

如果吃不完可以打包带走。

名气大，价格贵，分量足，味道好，物有所值。但品赏一次就够了，如果不是请客，不是外交，我自己消费，我不会选择 Gino'S East。别的披萨店的价格便宜些，味道也不比它差多少。

二十六

州街（State Street）是芝加哥一条重要的南北向干道，穿过市中心的心脏地带，是市区的中轴，它东边的道路被称作 XXX 路东，它西边的道路则被称作 XXX 路西，芝加哥市歌剧院（CIVIC OPERA HOUSE）就在这条街上。

密歇根大街(Michigan Avenue)也是南北向，与州街平行，市容最漂亮，是芝加哥最有名的街道。众多著名景点都在密歇根大道上：芝加哥水塔(Water Tower)，芝加哥艺术博物馆(Art Institute of Chicago)，千禧公园(Millennium Park)等。

华丽一英里（Magnificent Mile）是密歇根大街的一段，在芝加哥河以北，从芝加哥河上的密歇根大街桥（Michigan Avenue Bridge）起，直到橡树街为止，长1英里（1.6公里）。华丽一英里成了北密歇根大街的昵称。芝加哥一直不懈努力把它打造成一个世界级的购物天堂，从独一无二的精品店到大型购物中心，这里是奢侈商品和酒店的聚集地，拥有众多辉煌的建筑，高档百货公司、餐馆、写字楼和旅馆等。

二十七

芝加哥绿地广阔，公园众多。最大的要数位于芝加哥北部湖滨的林肯公园（Lincoln Park），沿湖长七八公里，占地面积达4.9平方公里，毗邻密歇根湖。公园内建有大量的娱乐设施，棒球场，篮球场，垒球场，网球场，排球场，高尔夫球场，健身中心等。

林肯公园里面有个大棚植物园，我们一进去，觉得热得很，大概转了一圈就出来了。

林肯动物园（Lincoln Park Zoo）位于林肯公园内，是一座免费的动物园，建立于1868年。这个动物园与别处动物园不同的是，它里面有一个小型动物园农场（Farm-in-the-Zoo），里面有农场中经常可以看到的猪、奶牛、马等动物，儿童可以在这里直接喂这些动物。

犀牛躺在那里只扇扇耳朵懒洋洋地摆了一下脑壳，而北极熊为我们作了精彩的表演。录像地址：
http://www.youtube.com/watch?v=gBjHSGRxjis&feature=youtu.be 或者
http://v.youku.com/v_show/id_XNDA2MzIyNTIw.html

在百度输入："芝加哥 林肯动物园 犀牛 北极熊表演"可以搜索出来。

在林肯公园区居住的人都是富人。

格兰特公园(Grant Park)是芝加哥大火后清理出的瓦砾沿湖堆积而成的，是芝加哥最重要的市中心公园，在密歇根大街和密歇根湖之间，占地面积达1.29平方公里。

格兰特公园内有很多极具特色的建筑，北面为芝加哥美术博物馆(Art Institute of Chicago)，白金汉喷泉(Buckingham Fountain)，南面有舍德水族馆(Shedd Aquarium)，阿德勒天文馆(Adler Planetarium)，菲尔德自然历史博物馆(Field Museum of Natural History)和露天音乐堂。我们看了白金汉喷泉后就往东去了密歇根湖边。

公园里有步行街，自行车道，网球场，垒球场，滑冰场。

夏季来临时，很多人都喜欢沿湖滨的自行车道骑车。

在北大街湖滩，海军码头，千禧公园等地有自行车租赁点。

格兰特公园在2008年11月4日晚见证了美国历史上又一个重要的时刻。经过长达半年的竞选，奥巴马成功当选为美国第44任总统，成为美国历史上首位非洲裔黑人总统。奥巴马在当选后的第一个安排就是在芝加哥格兰特公园举行选举夜集会。那一夜，芝加哥真的疯狂了。

中午我们正准备打车去旅馆取行李，然后上机场。结果被告知因为北约峰会，市政府封锁了从市区去机场的高速路，"让代表们先走，"没有的士愿意绕小路去机场。我们不得不改乘蓝线地铁，时间又一下子紧迫起来。好不容易到了地铁坎伯兰站，为了赶时间，我们决定让瑞芳呆在站台上等我们，我和一陡出站回旅馆取行李，再返回地铁站去机场。结果如前文所述，坎伯兰站在地面上，正好那一天天气骤冷，又刮大风，无处可躲，把瑞芳给冻惨了。都是给北约的大人老爷们害的。

下午乘美联航6:10的航班UA990从芝加哥奥黑尔机场飞回美国首都华盛顿杜勒斯机场。正点该9:01到，晚了点点，平安到家，结束了愉快的芝加哥三日游。

天下着蒙蒙小雨。

全篇完 2012年5月31日 于华盛顿

71. 让人不等于怕人 （2012.07.19）

昨天晚上看的电视，真实案例：

一个快满六十的老人和他的二三十岁的儿子都是大货车司机，那天驾着车行驶在高速路上，另一辆车突然来超他们，逼得他们险些出了车祸，儿子非常生气，就骂了那辆车上的两个年轻人。那两人再次来逼他们并对骂，儿子被惹毛了，于是也开车去超他们。就这样你骂我，我骂你，你超我，我超你，几个回合过后，双方干脆把车停在路边争吵，说不了几句就动拳脚，父亲下车来本来想劝回儿子，却看到儿子被那两人打翻在地，拳脚相加，急忙回到车上，提起一把砍刀，直奔过去，朝那两个年轻人一阵乱砍，两个年轻人倒在血泊中……

在医院，一人抢救无效死亡，一人重伤人事不醒，两个妈妈哭得泪人一样。

仓惶潜逃的父亲儿子，几小时后便被捕获归案。

如果儿子不那么冲动，如果父亲一开始就把儿子及时制止住……

可悲啊，世上不存在事后的如果！

父亲，一个有34年驾龄而且从未出过大的差错的老货车驾驶员："我好后悔啊！现在该抵命抵命，该判刑判刑，我都认。"

之前我就听说过，有些年轻人在高速路上看见别人的车开得像个新手，就故意去超它，去逼它取乐。

那两个年轻人真不是好东西！

《水浒》里有一段杨志卖刀的故事，说的是杨志被派去太湖边押运石头进京给皇帝修建花园，过黄河时遇到风浪，翻了船，空手而回，被太尉高俅赶出了殿帅府，没钱生活，无赖之下只好卖掉祖传宝刀。遇到叫牛二的流氓问价，杨志说要三千贯。牛二问刀的好处，杨志便介绍有三件好处。第一件，砍铜剁铁，刀口不卷；第二件，吹毛得过，试过之后，果然应验。牛二又问第三件好处。杨志说："第三件叫'杀人不见血'。"

"怎么个'杀人不见血'？"

"把人一刀砍了，刀上没有血迹。"

牛二说："我不信，你去砍一个人我看看。"

杨志说："平白无故谁敢杀人？你不信，找条狗来我杀给你看。"

牛二说:"你说的是'杀人不见血,'没说'杀狗不见血'!"

杨志不耐烦了,"你不想买就拉倒,胡搅蛮缠干什么?"

牛二一把揪住杨志,"我偏要买你这把刀!"

"你要买,拿钱来呀。"

"我没钱!"

"没钱你干吗揪住我?"

牛二耍无赖,"我就要你这把刀!"

"我不给你!"

杨志挣开身子,顺手一推,把牛二推了一跤。牛二爬起来,嘴里说着,"来呀,是好汉就砍我一刀呀。"一边就来硬夺杨志手里的刀。杨志气极了,牛二却又拳打脚踢。杨志便对众人叫道:"大家都看见的,我杨志没办法才在这里卖刀,这流氓不讲道理要抢我的刀,还打我!"

牛二说:"打死你又怎么样?"说着又是一拳。打得杨志"火从心上起,怒向胆边生,"只见寒光一闪,流氓牛二倒在杨家的祖传宝刀下,刀刃上果然滴血不沾。

杨志对围观的众人说:"我杀了人,你们陪我去自首吧。" 于是众人跟杨志来到开封府,帮着杨志把事情经过说了一遍。官府上下都佩服杨志,也庆幸东京街上从此少了一害,所以没要杨志偿命,从轻发配到北京大名府。

如果你在生活中遇到牛二一样的流氓、无赖、地痞、恶霸,就是要招惹你,而且还扭住不放,你怎么办?

想想后果,还是忍让吧。让人不等于怕人。

72. 与子电邮 (2012.07.23)

清晨的小鸟

--- 献给八一建军节

(女)清晨的小鸟啊叽叽喳喳,
叽叽喳喳唱个不停。
小鸟啊小鸟,你轻声一点,

不要把刚刚入睡的婆婆吵醒。
（婆婆刚刚入睡，不要把她吵醒）
小鸟啊小鸟，
如果你飞到边陲的高山上，
替我去看看我心爱的人。
我心爱的人在戍守边境。
他戍守边境披星戴月，
戴月披星，七年整。
戴月披星，七年整。

（男）清晨的小鸟啊叽叽喳喳，
叽叽喳喳唱个不停。
小鸟啊小鸟，你轻声一点，
不要把刚刚入睡的同志们吵醒。
（同志们刚刚入睡，不要把他们吵醒）
小鸟啊小鸟，
如果你飞到家乡的小河边，
替我去看看我心上的人。
我心上的人在侍奉母亲。
他侍奉母亲成年累月，
累月成年，无怨声。
累月成年，无怨声。

73. 与子电邮 （2012.10.23）

一陟，
帮我检查并修改一下，下面是诗的中文，英文，汉语拼音。
爸

我们在阿尔卑斯山巅

手握相机　脚踏残冰
我们在　阿尔卑斯山巅
放眼望去　雪山连绵

　　　　红日一轮　徐徐东升
　　　渲染了蔚蓝的天空　美丽了朵朵白云
　　　微风　轻拂着　一张张兴奋的脸
　　　　　我爱那深绿色的森林
　　　　　我爱那浅绿色的草坪
　　　　　我爱那翡翠般的湖水
　　　　　我爱那珍珠般的小镇
　　　　忽见薄雾升腾　宛如身临仙境
　　　　啊　好一幅人在画中游的图卷

　　2012年9月　于法国第戎

WE ARE AT THE TOP OF THE ALPS

Holding cameras, stepping on the remnant ice,
　　we're at the top of the Alps.
Looking ahead, one snow-capped mountain after another.
　　The red sun is rising slowly in the east,
　　　rendering the sky blue,
　　beautifying the white clouds.
Breeze is fanning our excited faces.
　　I love the deep green forests.
　　I love the light green lawns.
　　I love the emerald-green lake.
　　I love the pearl-like towns.
Suddenly I find the mist arising, as if we were in the
　　　　　　wonderland.
Ah, what a beautiful picture, in which we're touring!

　　September 2012 in Dijon, France

　　Wǒ men zài ā ěr bēi sī shān diān

　　Shǒu wò xiàng jī, jiǎo tà cán bīng,
　　Wǒ men zài ā ěr bēi sī shān diān.

Fàng yǎn wàng qù: Xuě shān lián mián,
Hóng rì yī lún, xú xú dōng sheng,
Xuàn rǎn le wèi lán de tiān kōng,
Měi lì le duo duo bái yún.
Wéi fēng, qīng fú zhe yī zhāng zhāng xīng fèn de liǎn.
Wǒ ài nà shēn lǜ sè de sēn lín;
Wǒ ài nà qiǎn lǜ sè de cǎo píng;
Wǒ ài nà fěi cuì bān de hú shuǐ;
Wǒ ài nà zhēn zhū bān de xiǎo zhèn.
Hū jiàn yún wù shēng téng, wǎn rú shēn lín xiān jìng.
A, hǎo yī fú rén zài huà zhōng yóu de tú juǎn!

74. 游璧山观音塘湿地公园 （2012.11.05）

2012年10月31日，我们到璧山观音塘湿地公园一日游。

事先我在网上做了一番路线调查。重庆主城区的，可以在南坪，龙头寺，陈家坪，红旗河沟的长途汽车站乘车前往璧山，沙坪坝的可以乘公交车到大学城转或直达璧山。我们选择了红旗河沟。为了稳妥起见，我们还去作了实地调查，红旗河沟长途站到璧山，每天早上6:00发车，15分钟1班，车费12元/人，上车买票。行车时间70分钟。经过大学城，在大学城可上可下。终点站是璧山24队长途汽车站。下车后乘璧山的公交车103路，直达观音塘湿地公园的碧玉广场。

我们早上7点从家里出发，在歌乐山隧道前堵了一会儿车，约9点到达璧山，本该到终点站24队，但车出璧山隧道后发现漏油，在离终点站还有1~2百米的加油站停了。走出加油站，在街边小食店买了两个包子，就就近上了107路公交车，1.5元/人，不使用重庆市区的乘车卡，须投币。

下车后，见街边一架板板车上卖羊肉汤、米粉的，有几个人在那里吃，我们也去吃了一碗，瑞芳吃的不加肉的，4元1碗，我吃的加了几片羊肉的，6元1碗，共10元，味道不错。

观音塘湿地公园位于璧山县城南部，璧南河畔，占地623亩。公园于2010年12月开工，2011年国庆前竣工，是璧山县继南河公园，文体广场后为百姓打造的又一城市景观。

约10点，我们从璧玉广场入园，首先映入眼帘的是广场中央屹立着的硕大的形如铜钱的璧玉雕塑。过银水桥，便是状元桥。状元桥雕梁画栋，飞檐翘角，有点像都江堰的南桥，很壮观，是公园的一号景观。桥上有名家字画，诗词歌赋。桥两头都有供游人休憩的水榭。我们坐在桥头，桥下的璧南河，与公园的湖水连成一片。璧南河中，一排排喷泉的喷头露出水面。璧玉广场那一边的河岸，修成了一排排、一级级的水泥座位，那里是人们观看音乐喷泉的甲座。再往前看，银水桥横跨璧南河，把璧玉广场和公园主体连接起来。太阳露出了笑脸，阳光洒在河面上，河面上泛起微波，微波里倒映着蓝蓝的天，白白的云，绿绿的树，笔直的桥。

"快点照，有只小船！"我顺着瑞芳手指的方向看去，见桥边摇曳着一叶扁舟，舟上本是一个正在打捞河中垃圾的工人，晃眼望去倒像是正在打渔的渔翁，很有诗意。啪啪啪，我赶紧拍了几张照片，"渔翁"的扁舟便消失在状元桥下。

状元桥头有一石碑，上书《状元桥记》，对状元桥作了简介。站在碑前拍照留念的人很多，认识上面的字的人很少。

离状元桥不远的湖中，一个钓鱼人潇洒地坐在石头上，形似"姜太公，"引人注目。仔细一看，却是一尊1:1的雕塑，那头上的斗笠，身边的鱼篓，手中的鱼竿，黝黑的皮肤，专注的神态，真

219

足以"以假乱真!"游人可以踏着像跳蹬一样大大小小的石头到"姜太公"坐的那块大石头上去与"姜太公"亲密接触或合影留念。考虑到安全问题,我们没去。

我们沿湖的右侧缓步前行,沿途亭台水榭,绿树成荫,芳草依依,就连那狗尾巴草的穗都比我们平常看见的更大、更长,而且带微红,更漂亮,巴茅草也格外粗壮。虽说是秋天,说不上百花争艳,但也随处可见叫不出名的花朵,藏于绿中,显于枝头。我喜欢美人蕉,在宽大的绿叶中亭立着鲜美的花,红的,红得深浅不同,黄的,黄得新旧有别。

路边的垃圾箱,形如竹编的巴笼,别具一格。

走上湖边廊桥,我们边漫步,边观鱼,边聊天。秋天的阳光是金色的,暖洋洋的,把人也照得懒洋洋的。正觉得有点累,便看见廊桥上大小不一,形状各异,茅草覆顶的草亭。小时候家乡的草房,成都的杜甫草堂,"茅屋为秋风所破"的诗篇在我脑中重现。我们在草亭坐下,歇息片刻。

落差30来米的叠水瀑布五叠泉,吸引了众多游客拍照留影。

高空吊桥虽然不长,却给人以都江堰安澜索桥的联想。

公园内,假山石雕数不胜数,石壁上的雕塑,其造型取材于古今与湿地有关的生物,如恐龙,鳄鱼,龟蛇,鸟兽,游人在游览的过程中了解湿地,了解生物。

园内有多处仿古建筑:东林阁、茅莱轩,虎峰楼等,古色古香。虎峰楼三个字写得漂亮,书法堪称一流,我不知道是什么字体。瑞芳问,写的什么?我说:"霓峰楼。"回来一查才知道虎峰楼。唉,汉字的书法啊,国宝!没办法认!时不时会碰上这样的尴尬。为普及凡人,是不是应该注上汉语拼音?懂书法的人现在毕竟不多啊!

球形科普馆(现在只建好了外壳,里面还没有内容)近看不怎么地,远望特别漂亮,那球形的外观,蓝色的玻璃幕墙,加上水中的

倒影，恰似蓝月亮掉在湖面上。

　　沿湖转了一圈，回到状元桥，这时，音乐喷泉唱起了欢乐的歌，喷起来的一排排水柱时低时高，射向天空，散落开来。喷泉始终是最受游客青睐的节目，加上悦耳的音乐。据说到了晚上，再加上五彩的灯光，前来观看的市民人山人海。

　　我们在公园里转了一圈，也没有看到"观音塘湿地公园"几个字，也没有看到一张公园游览图，有点莫名其妙。问当地游客，答曰："有。"却没有给我们说在哪里。我们想，自己再找找吧。12点多钟，公园游完了，花了约两个小时。"观音塘湿地公园"几个字还是没找到。

　　回来后再到网上查找，看到一张公园图，才知道原来我们入园处的璧玉广场不是正门，而是后门。我们还没有到公园的正门呢，正门就在虎峰楼，与我们擦肩而过。"观音塘湿地公园"几个大字，刻在公园大门口用石头做的老树干上。

　　最后我们告别了宽敞漂亮干净的星级厕所，乘103路公交车到长途站24队。

　　时间还早，我们没有直接回家，而是乘车到了北碚，车费9.5元/人。

　　在北碚，我们到滨江路上逛了一圈，那里值得特别一提的是厕所，除了漂亮，宽敞，干净以外，还有显示屏用红字显示里面现在有多少个空位，在别处你还没有见过吧？然后我们走高速路回到龙头寺火车站，再转乘419路公交车回家，天还没有黑呢。

　　啊，重庆，真是一天一个样，越变越漂亮！

2012年11月5日星期一

附：璧山103路公交车站点：天佑山水—林家店—璧泉小学—重

长司车站—金三角—安川桥—大成广场—南街—城关幼儿园（文星大桥）—东关小学—璧山宾馆—璧山重百—璧城大厦—红宇大桥—沿河东路—洁源排水公司—璧玉广场（湿地公园）

75. 与子电邮（2012.11.19）

《天净沙·忆祖父》是大爹王权的作品，我谱了曲，发给你们听。

76. 坎昆游记（2013.08.09）

墨西哥旅游胜地坎昆的名字，我是去年才听一抒说的。他和 Sharon 去坎昆旅游度假，拍了些照片，的确很漂亮。一抒对坎昆的评价：说坎昆是他为数不多的去了还想再去的旅游地。

墨西哥规定，外国人只要美国旅游签证没有过期就可以去。7月30日晨，一陟带瑞芳和我，开车去巴尔的摩机场，直飞坎昆。飞行时间3个多小时。

从机场出来，天气晴朗，乘的出租是一辆面包车，无空调，有点热，不到五分钟，车在十字路口，红绿灯下坏了，司机下来折腾了一阵子，弄不好，让我们换乘了另一辆车。车东行，不一会就上了坎昆著名的羽蛇大道（Blvd Kukulcan[音：库库尔坎]）。羽蛇大道把南边的机场和北边的市区连接起来，全长22公里。羽蛇大道并不宽阔，双向4车道，像一条窄而长的鸡肠带，东面是加勒比海，西面是湖。沿着 Kukulcan 豪华大酒店一个挨一个。每家酒店前面都像花园，后面就是游泳池，沙滩，海滨浴场。酒店的建筑千姿百态，各不相同。羽蛇大道，绿树草坪，棕榈成行，热带景象，非常漂亮，是坎昆的脸面，叫做旅馆区。羽蛇（kukulcan）是玛雅人心目中带来雨季，保佑五谷丰登的神。中美洲各民族普遍信奉羽蛇神。

踏上墨西哥的土地，自然要学几句简单的西班牙语。60年代上大学时曾跟好友刘丹学过一点，几十年过去，早已忘却。跟人打招呼，美国人说"嗨(Hi)，"墨西哥人说"饿啦（Hola）；跟人道谢，美国人说，"三颗药(Thank you)，"墨西哥人说，"格拉吃鸭食（Gracias）；"向人告辞，美国人说"拜拜(Bye-bye)，"墨西哥人说"的士白的大（Despedida）。"算了，学多了也记不住，还是少而精吧。

　　我们住的万豪酒店（Marriott），是五星级的，很不错。房间里空调温度调得很低，穿短袖觉得有点冷，该带一件长袖外衣在飞机上和房间里穿。房间里的 wifi 需要输入房间号才能登陆上网，是要收费的，一楼大厅里才有免费的 wifi。我们住的房间是海景房，阳台斜对加勒比海，在阳台上坐着，一边喝水，一边聊天。近看，是酒店的游泳池，池水清澈见底，池底呈彩色，觉得有点像四川黄龙的五彩池；远望，可以看海，沙滩，海浪，看别人游泳，摩托艇在海面奔驰，载着人的彩色降落伞，还有气球在海面上空飘曳，还可以看日出；回头看，是静静的湖。我意外地发现，在阳台上还可以收到隔壁酒店的免费 wifi，当然效果就要差一点。　我的手机在出国前是办了国际漫游的，奇怪的是，到了坎昆的当天收到了一条短信，接下来一直都显示"无服务，"电话和短信都不能用，幸好还可以在阳台上借东风，可以上网，可以QQ，可以微信。

　　7月30日傍晚，我们坐游船看海，看夕阳，从海上看坎昆夜景。船不算大，人不算多。说实话，看了重庆的夜景，香港的夜景，拉斯维加斯的夜景，坎昆的夜景就显得很一般了。但船上的活动倒是一个亮点。除了像一般的游船作些介绍，还组织了游戏，跳舞，唱歌。那几个主持人很善于调动游客互动，所以气氛活跃。比如说有一个游戏别出心裁，我以前从未见过，就是主持人从游客中叫了4个人出来，让他们来收集船上的游客们穿的鞋子，看谁收集得多。游戏一开始，全体游客快速脱鞋，那4个人飞快地收集，把收集的鞋子各自堆一堆，加油声，尖叫声，喝彩声响成一片，到了统计成绩的时候游戏达到高潮，全体用西班牙语和英语齐声吆喝：uno， dos， tres， cuatro(one, two, three, four)……热闹非凡。还请游客喝饮料，啤酒，品尝墨西哥白酒。我尝了啤酒，和中国的差不多，还行，而白酒潲水味有点重，不好喝。没想到这个游船活动居然是旅游公司送的，免费。换个地方，收个几十百来块也不过分。

　　坎昆（Cancun）位于加勒比海北部，墨西哥尤卡坦半岛东北端。过去它只是加勒比海中靠近大陆的一个长21公里宽仅400米的狭长小岛，整个岛呈蛇形，西北端和西南端有大桥与尤卡坦半岛相连，隔尤卡坦海峡与古巴遥遥相望，城市三面环海，风光旖旎。　坎昆在玛雅语里意思是蛇的窝。70年代初，坎昆和中国的深圳一样还只是一个只有一两百人的小渔村，到现在（2013 年）已经发展成为人口十几万，一年能接待上百万游客的国际旅游名城。

7 月 31 日，睡了个懒觉，8 点起床，吃完早点，就到酒店后面的沙滩上散步。坎昆的海边是一片 20 公里长的白色沙滩，铺满了由珊瑚风化而成的细沙，柔如毯，白如玉。海滩上建有很多玛雅式凉亭---棕榈树叶编织的草棚，像中国的茅草棚，如一把把大伞，为游客遮阳避雨，是一道独特的风景。游客拥有各色皮肤，黑的，白的，黄的，躺在白色的沙滩上，看着冉冉升起的红日，红日染红的云霞，云霞下面的大海，海面上低空飞行的海鸥，听着海浪冲上沙滩又退回大海的轰鸣……凡海滩都受人青睐。这里海滩这么大，这么好，人们能不喜欢？这就是为什么人们不远万里，怀揣大把大把的钞票飞到这里来撒钱的理由之一。

10 时许，我们乘公共汽车 R2，向北，再向西，到坎昆市区。坎昆的公共汽车跟中国一样，发达，便宜，方便，快捷，几乎都不用长时间等车，一会儿来一辆，一会儿来一辆，招手即停，从早上 6 点到晚上 10 点。前门上、后门下，无售票员，驾驶员收钱，可找补零钱。服务态度很好。

市区多为平房和两三层的楼房，建筑一般，无特色，街道不宽阔，也不现代，但干干净净。车不多，人很少，树多花多，漂亮幽静。有些花是热带特有的，很好看，我喜欢。拿起手机只管照花。

来到一家超市，进去上了厕所，免费的。在坎昆有些地方上厕所是要钱的，所以身上不要忘了带些零钱，比索，免得到时尴尬。我们在超市买了瓶装水，糕点，几个青苹。一尝青苹，味道不错，又进去买了几个带回酒店去吃。在坎昆最安全的是饮用瓶装纯净水。自来水不能饮用，所以酒店不提供烧开水用的壶。顺着指示牌来到 28 市场，原来 28 是一个很大的小商品摊区，吃的、穿的、用的、玩的，各类商品琳琅满目，应有尽有。游客也不多。我们逛了一下，买了三件 T 恤，10 美元。美国游人更喜欢逛沃尔玛。

已是下午一两点了，不想再转了，就在这时候，一个的司机过来问我们要不要车，讲好价，10 块，USD，就回酒店了。我没有看见 TAXI 标记，可能是个"黑车。"国内也这样，一些人买了车，自己不用时就出来挣点油钱。

拿美元在机场兑换墨西哥币比索是最亏的地方，1:10。在坎昆看到的兑换处 Exchange，和后来看到的几处差不多都是 1：12.5 左右。人民币也可以换。 坎昆所有需要花钱的地方都可以付美金，所以多带点美金 USD 就行。

睡了个晚午觉，5 点过起来，出酒店，找了一家邻湖的餐馆，吃了一顿正宗的墨西哥餐。餐厅环境还行，可以一边吃饭一边看湖景。都 5 点多了，居然没有食客，以至于我们进店时都要确认一下："Are you open？"（在营业吗？）。我们都快吃完了才又来了一拨人。我们一人一杯饮料，共用一盘沙拉。菜现点现做，绝对新鲜，只是要多等一会儿时间。结果瑞芳点的玛雅鱼不怎么样，我点的牛肉，一陟点的猪肉还不错。 三个人加上小费花了九十几块钱 USD。旅馆区什么都比较贵，卖给外宾嘛，可以理解。

在美国，我看到很多白人喜欢暴晒，脱得赤条条的，男人穿条短裤，女人只穿比基尼，周身涂满防晒霜，躺在沙滩上，享受阳光暴晒。他们希望把自己的皮肤晒得黝黑黝黑的，认为那才健康美。所以，凡是中午顶着烈日躺沙滩，游大海的，都属于这种人。我们可不敢，我们如果那么一晒，要不了多久，包你脱层皮。我们游泳的时间只能选择傍晚。 吃饱了，喝足了，太阳也快落海了，我们换上泳装，走过沙滩，走进加勒比海，我在前，一陟扶着瑞芳随后。海浪扑来，我一个趔趄，差点摔倒，浪尖没过头顶，海水漫入口中，咸津咸津的。原以为海水会像嘉陵江水，像长江水一样冰凉,殊不知竟然是温突突的,一点不冷。海浪一个接一个扑来,迎海浪,游大把(头抬出水面的自由泳),很刺激,很惬意。 走上岸来,海风一吹,冷惨了,牙齿打战,赶忙披上浴巾。到沙滩边用自来水冲一下脚上的沙,几步路,就到热水按摩池,把衣服放在躺椅上,扶着扶手下池。热水按摩池,圆形,直径约4米, 摄氏四五十度的热水从池子四周在人的腰部背部的位置一股一股的冲出来,男女老少大人小孩背靠池壁站着,坐着,让热水冲击腰部背部,就像有人在给你柔柔的按摩一样,那个舒服啊,不摆了。

  8月1日,天还没亮,我们起床去海滩看日出。莫道君行早,更有早行人。海滩上早已有人拿着相机等待着。天空晴朗,凉风习习,一轮明月,几颗星星,还有酒店的灯光,给海滩带来些许光明,却依然留下黑糊糊的海面,与灰暗的天空在远方连成一片,构成一道模糊的地平线。静悄悄的黎明,只有海浪声声。我们静心等候,期待,细声交谈,看着那模糊的地平线。地平线慢慢清晰,海面依然黑糊糊的,天边却慢慢白起来。黑云在天边变幻,如奇形怪状的山峦。天边慢慢地红,大地慢慢地亮,海面慢慢地蓝,云也披上了彩霞,一束红光从丈余高的乌云中喷射出来,撒在蔚蓝的海面上,一条翡翠般的光带!"糟了!太阳已经升起一丈多高,被那朵乌云挡住了!"我们多少有点失落感。突然,那朵乌云的右边海天相连处红得发黄,一轮红日在那儿露出水面。我们喜出望外,赶忙拍照,记录这期待多时,不,是期待多年的瞬间。太阳升起来了!天空一片红霞,海上一片霞红!在这幅壮丽的图画中,嵌入了两个人的背影,他们是母子,儿子搀扶着年迈的妈妈观看海上日出,欣赏自然美景,享受人间天伦。真美!景美,人更美!

我们参加一日游旅行团，去参观位于坎昆西南，离坎昆市区约 180 公里的 Chichen Itza（音：奇琴伊查）。晨 7 点，一辆 9 人坐的奔驰到酒店门口来接，基本准时，误差不大。 墨西哥人个子和肤色跟中国人差不多，个子比中国人略矮，肤色比中国人略黑。墨西哥人多胖子，尤其是女人。有人说美国把肥胖让给了墨西哥。导游看上去约五十开外，一路上开始用西语和英语，后来干脆就只用英语给我们慢条斯理地讲解，和美国人讲的英语相比，我能听懂的似乎要多一点点，好在有一陟给我们翻译讲解。一陟说他英语讲得算是不错的。他是我见过的年龄最大的导游，从他的言谈举止看可能是个官，给我们留下了良好的印象。

出了市区，公路两边绿树不高，约 4～5 米，树干不粗，如茶杯大，但密密麻麻，藤蔓丛生，没有一点点缝隙，我第一次见识了热带密林，令人感叹，莫说人，野兽，就连鸟，蛇要在这样密的丛林中穿行恐怕都有困难。 车行约两小时，接近 Chichen Itza 了，导游说当地的居民非常贫穷，他们做饭现在都还是用柴禾。偶见房屋，都低矮简陋，破破烂烂。

Chichen Itza 是玛雅文明遗址，以阶梯型金字塔著名。金字塔是实心的，用作国王的陵墓，一些重要的祭神活动在塔顶或者塔外进行。 金字塔四面各有 91 级阶梯，加上最顶上一级共 365 级，代表一年 365 天。它最著名的是"羽蛇下凡"的奇特景观：每年春分和秋分，当日落偏西到某个角度时，"羽蛇下凡"的奇丽景象就会出现。在金字塔阶梯的底部有一个羽蛇神头部雕像。当时间和落日角度都具备时，阳光斜射，形成波浪形的长条，弯弯曲曲地现出蛇身连在蛇头的后面。随着落日角度的变化，映象宛如蛇徐徐游动。这一奇观并非巧合，是玛雅人精心设计的结果，是精确的天文知识与巧妙的建筑艺术完美结合的奇迹。

玛雅人的球赛是用手肘、膝盖和屁股，把球投入两旁高墙上竖着镶嵌的两个石环中，石环的门洞只有篮球那么大，进球难度极大。一种说法败的一方会被斩首，取出心脏以作祭品"奉献"给太阳神。另一种说法胜利方做牺牲品。他们认为为神奉献自己无限荣光，早升天堂，会拼命地去争取胜利。 阶梯金字塔的另一侧屹立着很多石柱，这里是古代的武士庙，是用来纪念玛雅勇士的，因为年代久远，只留下石柱。

导游领着我们去参观一口传奇的井，其实是一个深坑。古时候的玛雅人每年要把活人扔到这口井里淹死，祭祀神灵。曾经有人花钱把它买下来，雇人去清理井底淤泥，结果挖出许多金银财宝，发了大财。

沿途路边卖工艺品的小贩很多，一个挨一个，卖的大多是用木头雕刻的动物和脸谱之类，都用英语叫卖：one dollar。一美元一个，也不贵。没有缠着游客买东西的现象。这一点我很佩服人家管理得好，而我们国内有些旅游景点则不然，弄得游客即便买了东西也不舒服。

中午 1 点过，参观才结束，肚儿早已饿得咕咕叫了，导游带我们吃自助餐，菜品丰富，多达 20 多种，且味道可口。喝饮料水酒需另外付费（我喝了一杯可乐 3 美元）。

玛雅人认为一个月等于 20 天，一年等于 18 个月，再加上

每年有 5 个未列在内的忌日：一年实际的天数为 365 天。

坎昆在 2005 和 2009 年曾遭遇两次飓风，失去了一大半沙滩。2009 年，市政府耗资 2000 万美元 运来更多沙子倒入坎昆的海湾。沙滩逐渐减少，首当其冲受到影响的是海边的数百家酒店。

坎昆地处热带，没有冬季，全年最高气温在 27 到 34 摄氏度左右，阳光下很热，紫外线很强，在这里户外活动千万不要忘了涂防晒霜。早晚温差大，有点凉。空气潮湿。我们去的那几天，天气预报说最高温度 31 摄氏度，但给人的感觉很热，绝对是重庆三十七八度的那种感觉，高温高湿，整天身上粘巴巴的，不舒服。

据说墨西哥是辣椒的原产地。既然来到辣椒的故乡，当然要品尝一下正宗的辣椒。不管是在餐馆，还是在比萨店，都会送你一两个泡辣椒，不是长条形，也不是尖尖的，而是小小的，形如大枣，的确非常辣，辣得正宗，辣得过瘾，尤其是青色的，瑞芳平时喜欢吃辣椒，结果一个都吃不完，我们都笑她，原来是叶公好龙啊。倒是我，平时不怎么吃辣椒，却吃完了一个。

8 月 2 日，我们参加旅游团去西卡莱特生态主题公园（Xcaret Eco Theme Park）游玩。走进公园，经过一个购物大厅，靠左行，首先看到的就是漂亮的大鹦鹉，和我们常见的鹦鹉相比，体型更大，色彩更鲜艳，五颜六色，非常漂亮，人人都选择最佳位置拍照摄像。鹦鹉学舌，会讲人话，它们讲西语还是英语？会讲汉语吗？不得而知。回来查了一下，才知道它叫金刚鹦鹉(macaw)，产于美洲热带地区，是色彩最漂亮，体型最大的鹦鹉之一，原生地是墨西哥及中南美洲的雨林，寿命最长可达 80 年。

早上 8：00，大巴到酒店门口来接。不像 Chichen Itza，去生态公园游玩的墨西哥人多于外国人，大多数是爸爸妈妈带着孩子一家一家的，所以在途中导游的介绍，开始还用英语和西语，后来干脆全是西语了。

到了公园门口，我特别记了我们乘坐的大巴的车型、颜色、车号，并照了相，给停车位的号牌也照了相。因为结束时间是晚上 10：00，那时天黑了，人多车多，语言又不通，人也不认识，万一没找到自己的车就麻烦大了。

生态园里有个教堂，大门敞开，是个天主教教堂，像阶梯教室。植物园里有各种各样的奇花异草。还有种植平菇的棚屋，种植方法与国内的一模一样，我们饶有兴味地给刚长出的小平菇照相。

鸟园里各种各样的鸟中，最受关注的是火烈鸟 flamingo，羽色艳丽，非常好看。火烈鸟，别名：大红鹤，比中国的白鹤体形更大，分布在地中海，非洲，尤其是巴哈马，墨西哥的尤卡坦半岛，高约 106 厘米，羽毛洁白泛红，头部、颈部羽毛深红，脖子长，成 S 形弯曲，脚也很长，休息时喜欢单脚独立，长颈后弯把头藏在背部的羽毛中，喜欢群居。

生态园里有登高塔，塔高约五十米，观景台是环形电梯，一次可以坐三四十人，围着环坐一圈，电梯慢慢旋转，徐徐上升，升到顶部后仍继续慢慢旋转，让游客欣赏远近美景。登高鸟瞰，远方是无际的大海，近处是绿色的地毯，生态园躲藏在绿色

之中。和在上海东方明珠塔上观景相比，又是一番情趣。几分钟后又旋转着降下来，送走这批游客，下批游客又上，周而复始。

乘坐乡下那种小木船，上面安四根长条木凳，一船可以坐十来人，一船工用棍子当篙，在一条三四米宽的小溪中缓缓滑行，小溪清澈见底，小鱼在水中游来游去，游人悠闲地坐在船上观景观鱼，大约走两三百米，结束上岸。

动物园里有马，鹿，豹等等。有些动物叫不出名字，比如，有一只猪却长着象的鼻子。

玛雅特技表演有点惊险：在一个空坝子中央立一根二三十米高的杆子，杆子的顶端有一个可以转动的轴，上面拴着四根比杆子长的绳子，五个小伙子爬上杆顶，把绳子收上去，四条绳子分别套住四个人的脚，把人倒挂起来，音乐响起，开始旋转，同时慢慢下降，直到四个人的头都快触地了，他们才一下子站了起来。看的人都为他们捏一把汗。第五个人顺着一根绳子爬下来。游客们报以热烈的掌声。

参观养鱼池，按鱼的年龄分池饲养，一个月的，两个月的，三个月的……每个鱼池都有活水注入，咚咚咚咚的流入池中，形成流水，一群一群的一般大小的鱼儿逆着水流奋力向前游动。这里也有海底世界，和专门的海洋公园比就简单得多，但也能领略一下海底观鱼的风光。几只大海龟在清澈见底的池子里游来游去，吸引了众多游客驻足。

人与鲨鱼同池共泳很精彩。池子不大，4～5米深，水很清澈，泳池的一面是玻璃，供游人下地下室去观看、摄像。这是我第一次从下往上看别人游泳。鲨鱼在底部游，人都浮在水面，很难游到池底。因为一般人憋一口气的时间最长只有几十秒，而水的浮力很大。当我们看到有人潜到池底，并用手摸了一下鲨鱼时，看的人都兴奋起来。池里的鲨鱼不会伤人，据说牙齿是被拔了的。

生态园里有一条阴河，溶洞形成的地下河，河宽约三四米，在地下河游泳，这一头进，那一头出，历时四十几分钟，也是游客感兴趣的项目。我们到入口处参观了一下，游泳的人穿着泳装，女人的泳装都是比基尼，露得不能再露，男人的泳裤都长得过膝，人人都穿着救生衣，会游不会游都不会掉下去，人很多很多。瑞芳也想去，我说我不去。其实我是想用我的不去去阻止瑞芳的去。我认为暗河水凉，怕她不能完成四十几分钟的游泳，何况她不会游泳，全靠一陟和我拖着她游，一但进入暗河，就只能进不能退，万一途中身体不适就没有办法。一陟说他也不去。于是我们放弃了这个项目。

靠海边设有很多玛雅式凉棚，凉棚下设凉椅，凉椅跟中国的凉椅一模一样，人们累了就在凉棚下休憩，观景，睡觉，免费的。我们也找了个凉棚，躺在凉椅上休闲。离我们不远正好是一个地下河游泳的出口。一陟说，你们在这儿休息，我去游泳，完了我到这儿来找你们。我们说，"好。"后来一陟游完了说，阴河其实沿路有一些出口，万一谁不想游了可以随时出来。而且，地面上有路一直沿着阴河，并用不同的颜色标识指示不同河道。这样不游泳的游客可以跟着路面标识走到游泳同伴的目的地回合，而不会在偌大的园子里走失，设计非常人性化。

如果你突然发现一条巨大的蜥蜴就在穿着短裤、亮着脚杆的你的脚下，你会是什么感觉？你会有什么反应？我看见一个个子高大的黑哥，他一下被怔住了，停下脚步，和蜥蜴对视数秒，然后绕过它继续前行。换成任何人都会害怕。有两个顽皮的小男孩，用一根树枝去吓唬它，它也不跑， 还是孩子的妈妈把孩子叫走。在坎昆的大街上，酒店的院子里和旅游景点的道路上都能见到七八十厘米长的大蜥蜴。或许是了解人类的善意，知道自己不会受到伤害，这里动物们不必躲躲藏藏、鬼鬼祟祟地生活，而是坦坦荡荡地漫步在阳光下，就像每次我们在酒店门前等车都会看到的那只鸽子一样，在人们的脚跟前走来走去，脖子一伸一伸的，寻觅着人们掉在地下的面包屑。我们给它取名'迎宾鸽。'还有就是美洲大蜥蜴(iguana)。 有人说如果你运气好，还会看到漂亮的野生孔雀到你跟前来走来走去，可惜我们没有那么好的运气。

休息够了又继续游览玛雅村。玛雅民居里面陈列的用品跟中国的差不多。玛雅墓地在小山上，和中国也大同小异，比中国更五花八门，花样别出，山顶上飘着引幡。 玛雅金字塔模型做得比真的更完整，更全面，比如 Chichen Itza 天文台，其比例比我们实际看到的大得多。一陟说，要是昨天参观的 Chichen Itza 门口有这样一个模型就好了。

蝴蝶园比我们在云南西双版纳看的蝴蝶园高大得多，但里面的蝴蝶却少得多。由于四周密封，天上用透明薄膜罩住，空气不好，进去待了一会，无心细看，赶紧出来。

马术表演引来众多游客观看。几个身着墨西哥民族服装的女士骑着高头大马，噔噔噔噔地在空地上小跑热身，英姿飒爽，还没开始表演就把游客的眼球吸引住了。正式表演更不用说。

　　晚上看文艺演出，这一天的最后一个项目，把全体游人全部集中到这里。演出场地是一个巨大的敞棚，四面有大看台，可以容纳千多观众，居然坐得满满的。由于四面通风，又是晚上，倒也不热。演出分上下两个半场，上半场讲墨西哥历史，表演了一场古代玛雅人的球赛：两方各七个队员对抗，球场比标准足球场小，比标准篮球场大。昨天听了讲解，看了球场，今天看球赛表演才有了实感。球赛开始的时候，我们的心都悬了起来：能进球吗？这挂在墙上的"球门，"跟篮球圈差不多大。足球球门那么大，还常常90分钟踢个零比零，更何况这不能用手，也不能用脚，只能用屁股，肘子和膝盖撞球，而且球还始终不能落地！比赛一开始就高潮迭起，球员你争我夺，现在输了赢了都不砍头，大家尽情表演，随意挥洒，颇有巴西足球范儿。表演到得意处，观众欢声雷动。几个回合下来，还真进了球！而且还不止一个!!今天看了这么一场别开生面的"球赛，"以后足球是不是也可以这么改良一下？接着表演古代玛雅部落之间打打杀杀，你争我夺，后来西班牙人来了，打败了玛雅人，统一了墨西哥，带来了文明，和平和幸福。

　　下半场是唱歌跳舞，很多当地传统的歌曲和舞蹈。整个演出两个小时，气氛热烈，高音喇叭，震撼人心，精彩处掌声雷鸣。在国内旅游地也有类似演出，须另外掏钱买票，一张票200元左右。在这里，除了吃饭买礼品外，所有活动费用都已经包括在门票之中了，不须另外掏钱。

　　我们随着人流走出园门，找到停车场，找到停车位，发觉停的不是我们的车。糟了！我们的车哪儿去了？一陟说，你们站在这儿不要动，我去找找。一陟去了，我用英语问站在车门口的那个司机，"Excuse me, could you tell me where the bus number 87 is?（请问87号巴士在哪儿？）"也不知他听懂没有，他把手往那边一指，示意我们去那边看看或者问问。我们也不敢离开。一会儿，一陟来了，带我们找到另一辆大巴，不是我们来时坐的那辆，一问司机，司机看了看手里的名单，果然有一陟的名字，我们就上了车。我问一陟，"你怎么问到的？应该怎么问？"他说，"我被告知只要说出我们的旅行团名和

233

我们住的酒店,有人就告诉我在哪儿上车,上几号车。"啊!这回又长了一次见识。过去还从来没有碰到过这样的事情:玩完了出来导游不见了,车也不见了。原来这里的规矩与别处不同,返回时各旅行社会把所有游客名单统一起来按酒店重新分组,把回同一酒店的人安排在同一辆车。早上来的时候,几乎所有的车都去了各大酒店和不同车站接人。而晚上则按目的地重新组合,这样就提高了效率。早上导游又不事先说清楚!或许导游讲西语,说了我们自己没听懂!大巴把我们送到酒店门口,已经11点过了。

8月3日休整。上午逛羽蛇大道,午觉后沙滩走走。8月4日上午离开酒店,午饭在坎昆机场候机大厅吃比萨饼,剩了半个巴掌大一块没吃完,没舍得丢,我用一个塑料袋装着提在手上,在巴尔的摩机场海关入关时被狗嗅出来了,牵狗的女官员问我手里拿的什么,我说:"pizza。"她在塑料袋上写了个pizza,用手一指,示意我到那边去接受单独检查。到了那边,一个男官员把塑料袋拿去,打开看了看,说比萨饼上有肉,不能带入关,要扔掉。我们说OK,他就把塑料袋扔到垃圾桶里面,并让我们把行李重新又过了一次他那儿的安检。事后一陟说,他见我被海关拦下,他可吓坏了,要是他要罚你款,几十几百的,你也只有认罚,多亏呀!我说,哪有啥子肉啊?一陟说,有,指甲大一块火腿肠。要是在入关前自己把它扔掉就没事了,以后千万要注意。我说,关键是我事前一点也没有意识到是在入关,这个不能入关,脑壳里没这根弦,松懈了。

晚上平安回家,墨西哥坎昆6日游圆满结束。说是六天,蜻蜓点水而已,两天在来回路上,两天休整,两天游两个景点。还有好多景点没去,还有好多项目没看,难怪一抒说还想去。

2013年8月9日星期五 下午9:27

77. 与子电邮 (2014.04.08)

From: Tonggui Wang
To: Yizhi Wang
Sent: Tuesday, April 8, 2014 9:17 PM
Subject: 回复:Spring Has Come!

Enjoy:

Spring Has Come
春天来了

-------------------- 原始邮件 --------------------
发件人："Yizhi Wang";
发送时间：2014 年 4 月 3 日（星期四）晚上 9:14
收件人：Tonggui Wang;
主题：Spring Has Come!

Dear mom and dad,

This morning, while driving to work, I saw forsythia and daffodils blooming. The long and snowy winter was finally gone! This tune came into my mind, so I recorded in the attachment. I call it "Spring has come!" Hope you like it.

I told Xiuxiu: "Hey, Forsythias are blooming."
Xiuxiu: "No, daddy, they are dogwoods."
Daddy: "Not really. Do you know that dogwood is the state flower of Virginia?"
Xiuxiu: "Of course, I know. I also know that the state bird of Virginia is cardinal!"

I checked, and she was right!

Yizhi

78. 与子电邮 （2015. 10. 02）

我的新歌《天台国清寺》

On Sunday, October 4, 2015, 11:31:47 AM EDT, Yishu Wang wrote:

爸爸，这个非常棒。什么时候听你唱一下。
一抒

On Sunday, October 4, 2015, 10:16:34 PM EDT, Yizhi Wang wrote:

以前倒是从来没有听说李白这一首。不过看到老爸的名字与李白写在一起还是很提劲儿的。就是,什么时候发一个唱的。

一陟

On Sunday, October 18, 2015, 06:03:47 AM EDT, tongguiw wrote:
Re: 转发：几回流碎月 mp4 /视频 9.14m

79. 枯木树桩赞（2018.05.13）

在美国,走在林间路上,随处可见倒在路边的枯木,横七竖八,或连根翻倒,或拦腰折断,和一个个大大小小,高高低低,奇形怪状的树桩。

枯木树桩,给静静森林凭添了些许色彩,野性和苍凉。森林因她们更自然,更原始,更漂亮。

她们也曾生机勃勃,也曾枝繁叶茂,当初也许比同伴更高,更壮。她们也曾有过自己的辉煌。

如何形成这般景象,或因飓风,或遭雷劈。偌大一颗树,同在一片林,别的好好的,偏她倒下了,究其原因还是她自身的问题,或根基太浅,或疾病缠身,或时运不济。她们谁也不怪,认命了。认命,不折腾又何尝不是一种美德？

枯木树桩未必没有梦想,腐烂可以肥沃土壤,给别的伙伴提供营养。如果遇上能工巧匠,做成根雕,继续服务人类,再造辉煌。

树桩再发芽,枯木又逢春,也是有的。但那是侥幸,只可偶遇,不可奢望。

这美景我似曾相识,在九寨沟的海子里,在台湾阿里山上。

汪同贵随笔 2018 年 5 月 13 日 McLean, VA

80. 寻冬地 （2018.05.15）

道听途说，过冬去海南三亚最好，还有四川的西昌、米易、攀枝花，云南的昆明，广西的南宁。一路走了西昌、米易、攀枝花、昆明、南宁。西昌地比较平，米易有坡，攀枝花比重庆还山城。昆明、南宁都比较平。到西昌遇西伯利亚寒潮来袭，早晚冷，中午有太阳的时候就比较暖和，有点儿干燥。米易、攀枝花和西昌差不多。昆明有天日温 1-19 度。早上六点过出门呼出的气成白雾。南宁比昆明要暖和一些。过南宁的东兴关去越南玩了四天，参加的是南宁市内的广西海外旅行团。越南地较平，气候又比南宁好些。一路好吃的有：西昌邛海的鱼、火腿粗粮饭，再加一块钱，吃碗萝卜汤，这是第一次吃。还吃到了久违的川味回锅肉、米易的粑粑、攀枝花的盐边坨坨鸡、昆明的炒瓢儿白。南宁的盒饭，先点菜，再添一个人，再加三块钱的汤饭服务费。越南的汤煮细米线。一路看来。12 月 18 日拜访了西昌月华水电厂。那天天冷风大，路遇公路秩序整顿。看了米易的人工湖，攀枝花境内的长江禁航区、三线建设博物馆、二滩水电站、昆明的西山、滇池、大观园、路南石林。参观了越南的总统府，越南下龙湾的"海上桂林。"

四川省西昌市凉山州人民政府：公民史瑞芳建议把西昌水电厂中的月华水电厂作为水电厂博物馆。

史瑞芳随笔

81. 如何拱猪 （2018.06.19）

拱猪是一种扑克牌游戏。

一副扑克牌 54 张。由红桃（红色）13 张，黑桃（黑色）13 张，方块（红色）13 张，梅花（黑色）13 张，大王/大鬼（红色），小王/小鬼（黑色）组成。

4 人玩时只需要 52 张，一人 13 张，先抽出两张（大鬼小鬼）放一边不用。6 人玩时 54 张全用上。

牌的大小顺序：最大是大鬼，小鬼，A（帽，尖），其次是K，然后依次是Q（框），J（钩），10，9，8，7，6，5，4，3，2。2点最小。

有分牌和无分牌以及算分的方法：
全部红桃牌都是有分牌，算负分，红桃帽负50，K负40，框负30，钩负20，其余的10点～5点这6张牌一张算负10分，红桃2，3，4这三张不算分。红桃的满分为负200。如果大鬼小鬼没有被拿出去，它们都算作红桃，小鬼算负60分，大鬼算负70分，这样红桃的满分为负330。
方块钩J叫羊，算正100分。
黑桃框Q叫猪，算负100分。
其余的牌是无分牌，不算分。
梅花10叫倒板（也叫变），谁得到倒板，谁的得分，无论正负，就翻一番（翻一倍）。
如果一个人把红桃包括2，3，4（加上大鬼小鬼，如果没有被拿出去）全部收齐，红桃就由负分变成正分，满分为正200分（或330分）。如果谁把猪，羊，倒板，所有红桃全部都收齐，猪羊红桃全部算正分并乘以2。400x2=800或者530x2=1060。

卖（亮牌），在摸牌的过程中和摸完牌后，出牌前，猪（黑桃Q），羊（方块J），倒板（梅花10）都可以卖（把牌亮出来让大家知道在你家）。有红桃A（或者大鬼，如果没有被拿出去）的，也可以卖红桃。凡是卖了的牌分数就翻倍计算：猪算负200，羊正200，大鬼负140，小鬼负120，红桃A负100，红桃K负80，红桃Q60，红桃J负40，红桃5～10点一张算负20。红桃卖了全部收齐(包括2，3，4)满分为正400或者660。卖了的倒板翻一番后再翻一番(共4倍)，把卖了的猪羊倒板红桃全部收齐，则得正3200(800x4=3200)或者4240(1060x4=4240)。当然也可以不卖。根据自己牌的好坏自己决定卖不卖。卖过的牌不能在出同种牌的首轮出牌（除非该花色只有那张卖过的牌），但可以在别人出其它种牌的时候垫出去。

洗牌，玩牌前先把牌和转(即尽可能打乱原来的顺序并整理好)，倒扣着放桌子中间。摸牌（抓牌），4个人按反时针方向依次摸牌，一次取一张，摸到的牌只可以自己看，不要让别人看见。把所有牌摸完为止（每人摸到张数应该相同）。发牌，摸牌也可以由一人分发(发牌)。

出牌，首次由摸到黑桃 3 的先出牌(第一手必须出黑桃 3，有些地区无此要求)。按反时针方向，依次一人一次出一张同种牌（即：先出牌人出红桃，其余人必须出红桃，先出牌人出的方块，其余人必须出方块，先出牌人出的黑桃，其余人必须出黑桃，先出牌人出的梅花，其余人必须出梅花）。如果没有同种牌，其它三种牌你就可以随便出，叫垫牌。四个人出完一轮牌后，看谁的牌大，谁就得该轮的全部分。牌的大小是在同种牌(正牌)中比较而言，如果没有同种牌而垫的其它牌不参与大小的比较。垫牌再大都小于正牌。

把有分牌捡到得分人面前面朝上摆着，其余的无分牌倒扣着放桌子中间。然后由牌大的先出牌。这样一轮一轮地直到把手里的牌全部出完。一局牌结束。以后的每一局就由上一局得猪的先出牌。

记分，一局牌结束后，把每人的得分用一张白纸记上。又重新开始第二局。一局完了又记分，把每人的得分累计。这样一局又一局玩下去。直到有人的累计得分满了负 1000，他/她就输了（就是被喂肥了的猪🐷）。这一盘其他的人都赢了。

如果有人把猪，羊，倒板，所有红桃（包括大鬼小鬼），全部收齐，则这个人就赢了。其余三个人输。

如果三个人玩，把大鬼小鬼加进来，54 张牌，刚好一人 18 张牌。大鬼算负 70，小鬼算负 60。如果 6 个人玩，把大鬼小鬼加进来，54 张牌，刚好一人 9 张牌。大鬼算负 70，小鬼算负 60。6 个人玩时也可以用两副牌。一个人 18 张。如果 5 个人玩，把大鬼小鬼和红桃 2 点 3 点这 4 张牌去掉，剩下 50 张牌，一人 10 张。也可以用两副牌，一个人 20 张。

82. 重庆黄桷湾立交（2020.09.09）

今天上午我们去参观了重庆南岸区黄桷湾立交。

黄桷湾立交(原来也叫盘龙立交)，高五层，共 20 条匝道，连接 8 个方向(广阳岛、重庆江北机场、南岸、大佛寺大桥、朝天门大桥、弹子石、四公里、茶园)。

网友说黄桷湾立交是世界最大、最复杂、功能最强大的立交。看几张百度图片：

　　看黄桷湾立交的最佳地方是黄桷湾立交观景平台，在黄桷湾公园里面。

　　今天早上约 06:40 出发，乘轨道 6 号线在五里店换乘环线在弹子石下车，3 号口（4 号口也可以）出来，跟着 GPS 沿着峡江路向黄桷湾立交观景平台走。结果走到了黄桷湾立交却被巨大的铁板挡住了上观景平台的小路。无路可走了。我们吃了个苹果算是早餐，给瑞芳照了两张照片：

　　我们沿着峡江路原路返回。到腾龙路后我们决定走过去。进了小区（回家看地图才知道是重庆中央商务区），小区冷冷清清的，商铺都关着门。这时没有了 GPS 指路，只好看着大方向走。看见两个人在游玩，我们过去问他们，他们也不知道。逢人便问，东问西问。终于找到了观景平台。公园门口居然还有英语 HUANGJUEWAN INTERCHANGE（黄桷湾立交）。快在公园门口留个影吧。

站在观景平台上,黄桷湾立交桥尽收眼底,好高兴呀!

回到弹子石，在新世纪超市买了芝麻鸭（不好吃），西瓜，水蜜桃，三角饼，锅盔。

在超市门口吃了西瓜和三角饼，坐轻轨回家了。

后记，在高德地图上搜索黄桷湾公园或者黄桷湾立交都可以搜索到，但是地图指的路是走不通的。回来的时候才弄清楚了，正确的路线应该是，弹子石地铁站 3 号 4 号口出都可以，走到腾龙大道和学苑路交汇处过街，沿着学苑路向东走，一直走到学苑路的终点，上坡坡（只有约 5 米高，但是非常不好走），上坡后向左手边走约 20 米平路，就是一条断头大马路（叫福民路），横穿过大马路就是黄桷湾公园。

返回时一直沿着学苑路向西走就可以走到弹子石新世纪超市。

沿途可以看到十一中北门，还有雅云苑（小区门口），莫比时代（小区门口）。

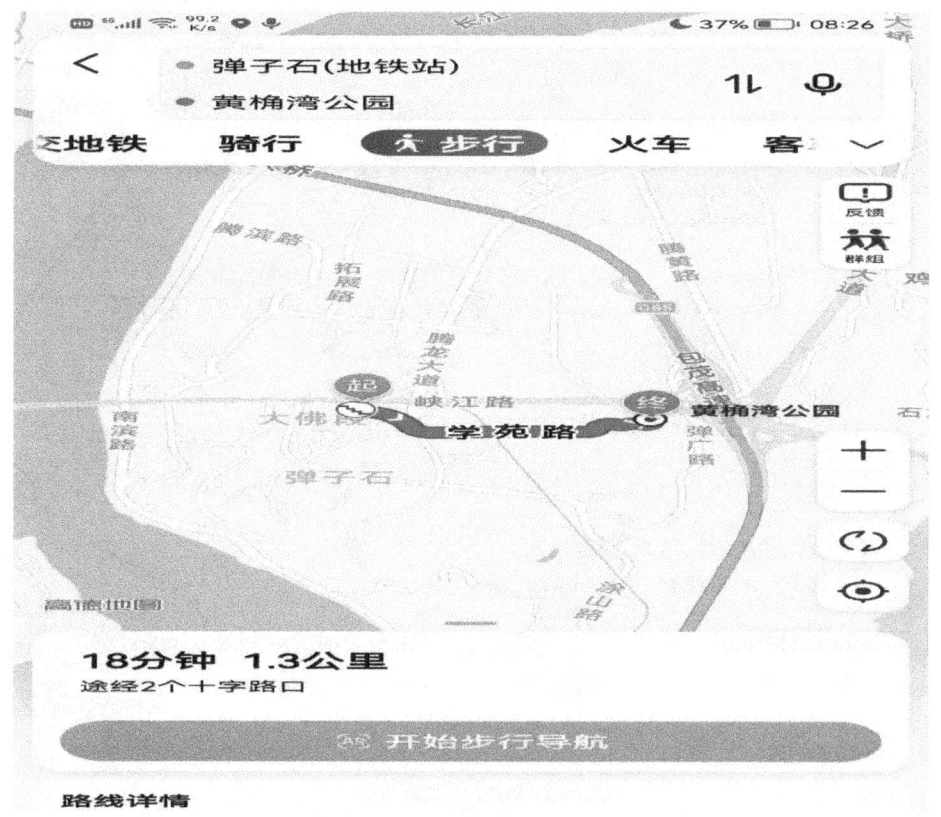

下面是正确做法：在高德地图上搜索黄桷湾公园，起点输入弹子石轻轨站，选择步行。沿着学院路走到底（它是个断头路），不用弯来弯去的走。

百度地图搜索不到。

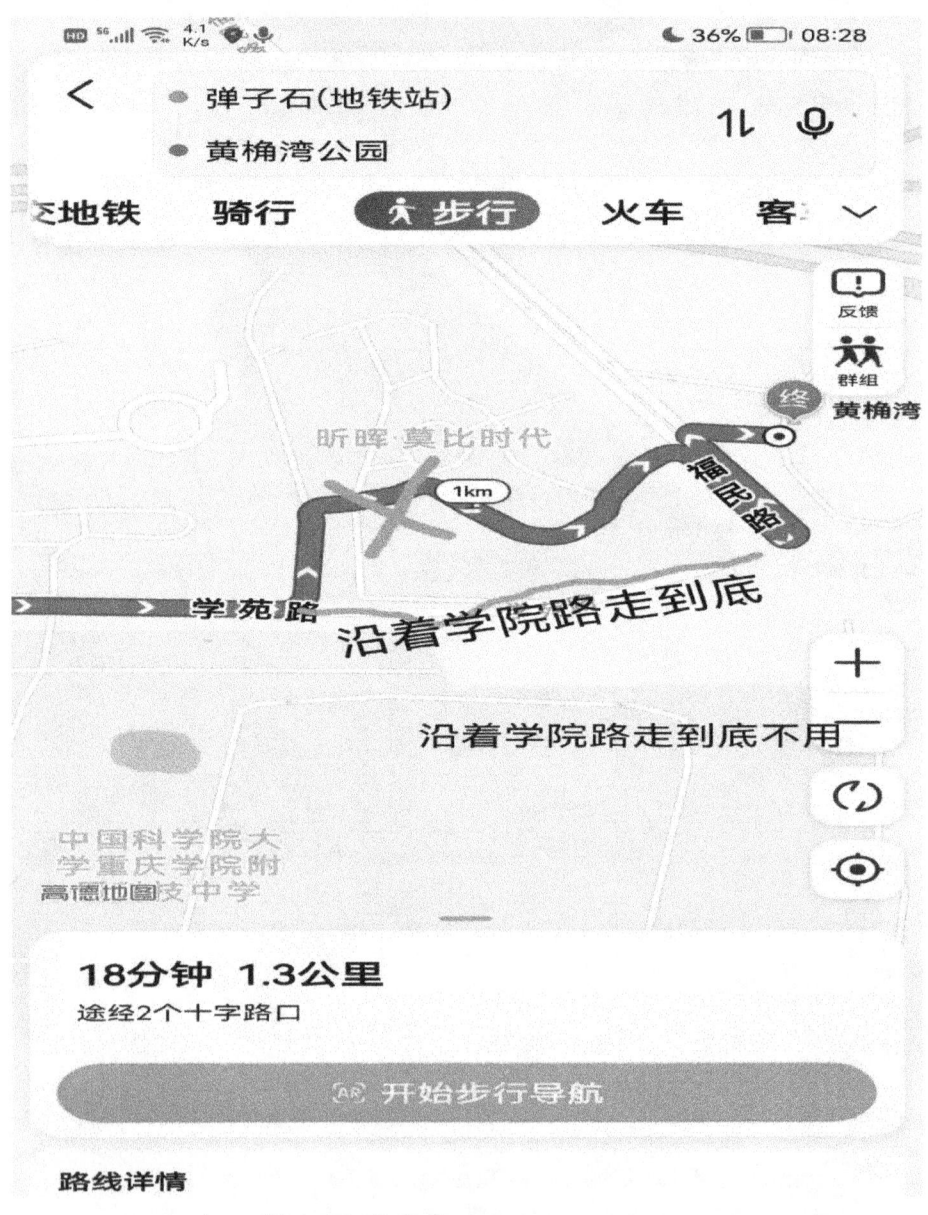

2020 年 9 月 9 日于重庆 Sent from my iPhone

83. 律诗二首 (2020.11.06)

南国风光好

南国风光好,
轻舟巷里行。
红灯高处挂,
更喜雪初晴。

南国水乡风景好

南国水乡风景好,
小船悠荡巷中行。
红灯高矮廊檐挂,
游客心仪雨后晴。

84. 百林公园 (2022.02.02)

2022年2月2日　大年初二　星期三

今天我们去两江幸福广场北部宽仁医院游百林公园。

上午约10时,黄泥塝进地铁,在大龙山转5号线,在幸福广场站1号口出。远处,照母山上的揽星塔映入眼帘。瑞芳说:"这里是看塔的最佳位置。"一座异形高楼耸立面前。

异形高楼很高,比周围的高楼高出一大截(有网友称它为重庆版小蛮腰),宽仁医院就在它的北侧。异形高楼南侧就是两江幸福广场。广场的中间,巨大的长方形音乐喷泉是广场的最大特点。我曾经晚上专程来看了一次喷泉激光水幕三位一体的"水舞秀,"水幕电影,十分壮观。喷泉的两边是人造小溪流和高大的银杏树林,喷泉的南边是方尖碑,跟美国华盛顿DC的方尖碑一模一样,也许稍稍矮一点点。这时久违的太阳露出了笑脸。

　　我们在方尖碑旁银杏树下条石凳上坐下来吃自带的干粮---野餐： 盒装牛奶，合川桃片，红豆薏米饼，苹果，兰花豆（就是炸酥开口胡豆）还在包里没有拿出来吃。

方尖碑的南边就是百林公园。

百林公园简单而美丽。八十年代这里是一个水库---百林水库。围绕着水库修了一圈宽阔的、漂亮的、平坦的塑胶健身步道，和旁边的小山小路连接起来。记得上次瑞芳，一陟和我来这里游玩正逢中午休息，步道上很多很多年轻人，男男女女，走的走，跑的跑，盛况空前。而平时，非工作日，步道上的人寥寥无几。因为这一片都是高楼办公楼，里面的人都是早上匆匆忙忙来上班，下午匆匆忙忙赶回家,只有中午休息的时候人们才有空出来锻炼一下。

水库边修了半圈临水栈道,水库中有喷泉,小船。行走在临水栈道上,看着周围的绿树高楼在水中的倒影,呼吸着清新的空气,舒服极了。

一家人四五个正在水边的平台上照相留影,女士们摆着各种 pose。

看!百林公园最新的网红景点---粉黛桥,拍婚纱照的首选啰,漂亮吧?再晒几张照片看。

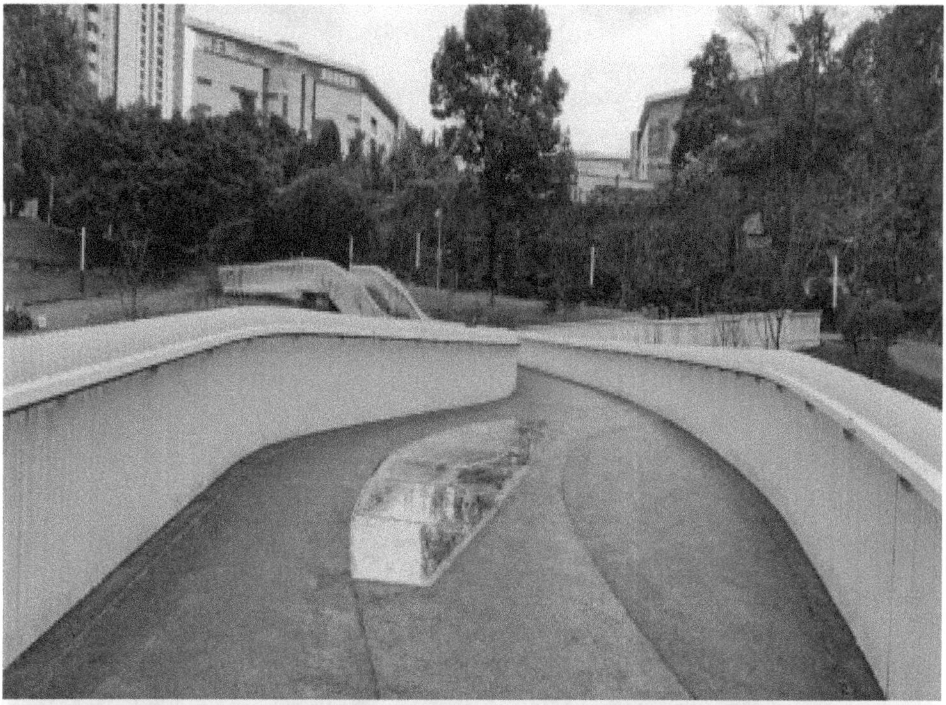

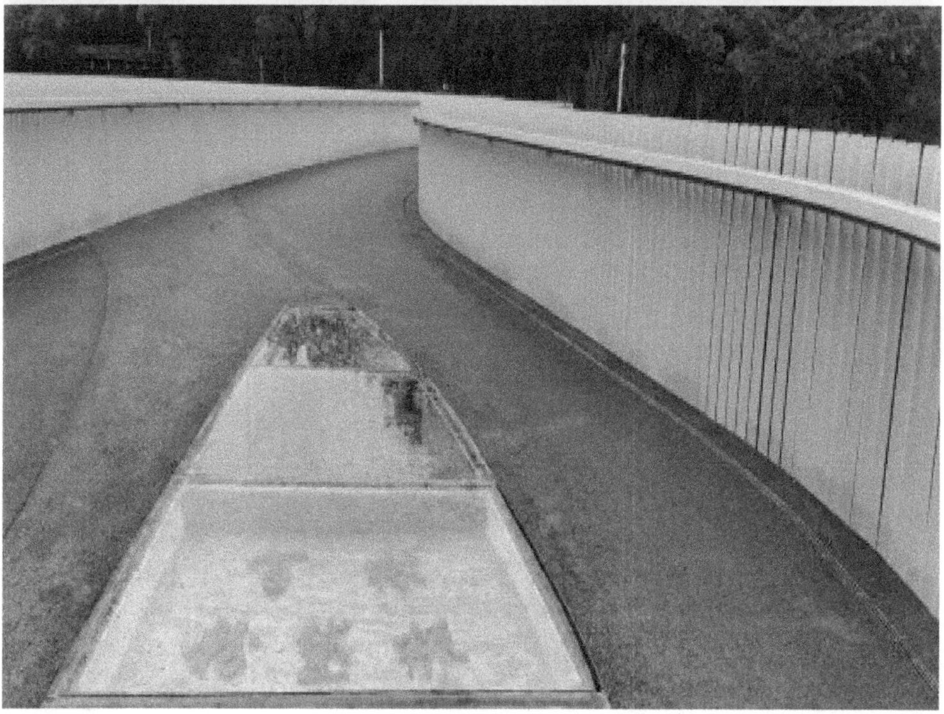

从粉黛桥出来不到 100 米就是幸福广场地铁站 2 号口。本来不远处还有一个景点---罗马广场,上一次去过的,就省略了。进地铁,在冉家坝站转 6 号线回家。